oRISCOde TI
CONVERTENDO AMEAÇAS AOS NEGÓCIOS **EM VANTAGEM COMPETITIVA**

CONVERTENDO AMEAÇAS AOS NEGÓCIOS EM VANTAGEM COMPETITIVA

GEORGE WESTERMAN
RICHARD HUNTER

m.BOOKS

M. Books do Brasil Editora Ltda.

Rua Jorge Americano, 61 - Alto da Lapa
05083-130 - São Paulo - SP - Telefones: (11) 3645-0409/(11) 3645-0410
Fax: (11) 3832-0335 - e-mail: vendas@mbooks.com.br

Dados de Catalogação na Publicação

Westerman, George; Hunter, Richard
O Risco de TI. Convertendo Ameaças aos Negócios em Vantagem Competitiva. George Westerman e Richard Hunter

2008 – São Paulo – M.Books do Brasil Editora Ltda.

1. Administração 2. Tecnologia da Informação 3. Governança de TI 4. Negócios

ISBN: 978-85-7680-043-9

Do original: IT Risk Turning Business Threats into Competitive Advantage
© 2007 George Westerman and Gartner Inc.
©2008 M. Books do Brasil Editora Ltda. Todos os direitos reservados. Proibida a reprodução total ou parcial. Os infratores serão punidos na forma da lei.

EDITOR
MILTON MIRA DE ASSUMPÇÃO FILHO

Revisão Técnica
Gerson Prando
Mestre em Engenharia de Produção pela Universidade de São Paulo.

Tradução
Roger Maioli dos Santos

Produção Editorial
Renata Truyts e Lucimara Leal

Coordenação Gráfica
Silas Camargo

Editoração e Capa
Crontec

Sumário

	Prefácio	vii
	Agradecimentos	xi
Introdução	O Risco de TI e Suas Conseqüências	1
Um	O Framework 4A de Gestão de Risco	15
Dois	As Três Disciplinas Centrais da Gestão do Risco de TI	31
Três	Consertando o Alicerce – Reforçando a Base da Pirâmide	47
Quatro	Consertando o Alicerce – Simplificando a Base Instalada	71
Cinco	Desenvolvendo o Processo de Governança de Risco	93
Seis	Criando uma Cultura de Consciência do Risco	125
Sete	Acelerando as Três Disciplinas	143
Oito	Olhando para a Frente	167
Nove	Dez Maneiras de os Executivos Melhorarem a Gestão de Risco de TI	179
	Notas	*187*
	Índice Remissivo	*199*
	Sobre os Autores	*205*

Prefácio

Escrever um livro sobre o risco de TI é como escrever sobre a vida – o tema é tão vasto e diverso que fica difícil saber por onde começar, o que incluir e como dizer o que precisamos dizer. Neste livro, decidimos nos concentrar num problema crítico, mas freqüentemente negligenciado: o elo entre a gestão de risco de TI e o valor de negócio.

Nenhuma empresa pode estar totalmente livre de riscos. Os riscos surgem desde o momento em que alguém decide abrir as portas para os negócios e não somem senão quando a empresa encerra suas atividades. Isso inclui o risco de TI, cujo potencial para causar danos cresceu a ponto de nenhum executivo de negócios poder se dar ao luxo de ignorá-lo. Como qualquer risco, o risco de TI é algo a ser administrado, e não eliminado. Administrá-lo é uma questão de fazer acomodações entre risco e retorno, entre os riscos que uma empresa pode tolerar e aqueles que ela prefere evitar. Mas, até agora, os gerentes de negócios careceram de ferramentas para administrar o risco de TI nesses termos. Neste livro, procuramos dar conta dessa brecha.

Este livro procura ajudar gerentes em ambos os lados da fronteira TI-Negócios a se sentirem mais à vontade para tomar decisões sobre o risco de TI e para garantir que ele está sendo administrado como deve. Nós tratamos das seguintes questões: Como os executivos de negócios podem entender os riscos de TI em suas organizações? Como podem trabalhar com executivos de TI para moldar o perfil de risco da empresa? Como executivos de TI e de negócios podem desenvolver as capacidades necessárias para administrar o risco de TI? E como eles podem, juntos, fazer acomodações bem informadas sobre os riscos que enfrentam?

Sobre a pesquisa

Este livro baseia-se em pesquisas extensivas do Centro de Pesquisas sobre Sistemas da Informação da MIT Sloan School of Management (MIT-CISR) e da Gartner Executive Programs. A pesquisa investiga abordagens eficazes e ineficazes para administrar o risco de TI. Ela proporciona uma abordagem prática, ilustrada por exemplos do mundo real, para compreender e administrar os riscos, no nível da empresa, inerentes a ativos, processos e funcionários de TI de uma firma.

Os fundamentos e as constatações da pesquisa resultam destes esforços distintos, todos conduzidos por um dos co-autores ou por ambos:

1. Um estudo exploratório realizado por George Westerman incluindo 49 entrevistas com CIOs e suas contrapartidas em 11 empresas. O estudo examinou o que constituía o risco de TI nessas empresas e o que cada uma delas vinha fazendo para administrá-lo. Ele gerou os frameworks iniciais de risco e de capacidades de gestão de risco em que nossas pesquisas posteriores se basearam.

2. Uma pesquisa panorâmica com 134 empresas, chefiada por George Westerman e realizada sob os auspícios da Gartner Executive Programs. A pesquisa nos permitiu chegar a constatações de base estatística sobre os mais importantes motores dos 4 riscos de TI, bem como sobre o que torna eficaz cada disciplina de gestão de risco.

3. Estudos de caso de 9 empresas – por Richard Hunter, George Westerman e Dave Aron –, como parte da elaboração de nosso primeiro grande relatório sobre o assunto para a Gartner Executive Programs, além de vários outros estudos desenvolvidos mediante o trabalho com patrocinadores e clientes. Eles nos ajudaram a refinar nossa compreensão e a aprimorar as constatações práticas da pesquisa.

4. Outros estudos de caso que reunimos ao longo de muitos anos administrando, pesquisando e escrevendo sobre áreas relacionadas da gestão de TI. Eles incluem experiências, entrevistas e estudos de pesquisa em grande escala, relacionados a grandes implementações de TI, à agilidade dos negócios, à transformação de ativos legados de TI, à liderança do CIO e a outros temas. Embora não soubéssemos na época que se re-

feriam ao risco de TI, esses estudos se mostraram altamente relevantes conforme aprendemos mais sobre como a gestão de risco está por trás de quase todos os aspectos da administração da TI.

5. Apresentações executivas com mais de 2 mil executivos e gerentes médios, pertencentes ou não à área de TI. Seus comentários e sugestões constituem uma importante e valiosa fonte para testar, refinar e aprimorar nossas idéias. Ao longo dos anos, nós conseguimos nos concentrar nas idéias e nos conceitos mais úteis e torná-los práticos para o mundo real dos negócios.

Quem deve ler este livro

Este livro é uma fonte útil de idéias, constatações e exemplos de muitos tipos diferentes de executivos e gerentes tanto de TI como de unidades comerciais. Executivos seniores de negócio e membros do conselho podem usar as idéias e os frameworks para entender seu papel na gestão do risco de TI e o modo como podem cumprir mais efetivamente essa importante responsabilidade supervisória. CIOs podem usar o livro para cruzar a distância que os separa dos executivos de negócio – deixando todos mais à vontade para administrar o risco de TI –, bem como para desenvolver as capacidades de gestão de risco em ambos os lados da divisa TI-negócios.

Gerentes e executivos especializados também podem usar efetivamente este livro. Executivos de negócio responsáveis pela gestão de risco, segurança, auditoria ou observância das regras na empresa encontrarão nele ferramentas e exemplos valiosos, que os ajudarão a incluir os riscos de TI em suas atividades de gestão de risco. Executivos especializados – desde chefes de unidades de negócio até líderes de TI em arquitetura, segurança, serviços de infra-estrutura, desenvolvimento de aplicações, recursos humanos e gestão de relacionamentos – encontrarão aqui idéias valiosas capazes de ajudá-los a administrar seus riscos e também a esclarecer seus papéis na administração de outros riscos da empresa. Por fim, gerentes de TI de nível médio podem usar este livro para desenvolverem um entendimento melhor da relação entre os riscos empresariais e de TI, e de como podem aprimorar as capacidades de gestão de risco ou ajudar a moldar o perfil de risco de sua empresa.

Agradecimentos

Tantas pessoas merecem agradecimentos que é difícil saber por onde começar. Primeiramente, gostaríamos de agradecer aos muitos executivos que reservaram algum tempo para conversar conosco sobre a forma como administram seus riscos de TI. Muitas pessoas fora do MIT e da Gartner – especialmente David Fachetti, Charles Gavin, Michael Harte, Robbie Higgens, Larry Loh, Kwafo Ofori-Boateng, Rick Omartian, Tom Prince, Patrick Purcell, Arne Skeide e Karl Wachs – desempenharam papéis essenciais em moldar e interpretar a pesquisa e suas implicações, a exemplo de algumas almas gentis que não podemos citar por motivo de confidencialidade. Também gostaríamos de agradecer àqueles que participaram de entrevistas sobre risco ou outros tópicos relacionados, que preencheram nossos questionários e que, tendo comparecido a uma apresentação ou relatório, contribuíram com idéias de valor.

Gostaríamos de agradecer a nossos colegas por seu apoio, sua assistência e seus conselhos contínuos e desinteressados. Os colegas de George no Centro para Pesquisas sobre Sistemas de Informação na MIT Sloan School of Management – Julie Coiro, David Fitzgerald, Chris Foglia, Nils Fonstad, Chuck Gibson, Jack Rockart, Jeanne Ross e Peter Weill – se mostraram sempre dispostos a oferecer conselhos, idéias ou assistência. Os colegas de Richard na Gartner (incluindo a equipe de pesquisa da Gartner Executive Programs, liderada por Mark McDonald, e Dave Aron, Diane Berry, Marcus Blosch, Bárbara McNurlin, Patrick Meehan, Lily Mok, Tina Nunno, Andrews Rowsell-Jones, Chuck Tucker e Andrew Walker) e os membros da Comunidade de Segurança e Privacidade e da Comunidade de Pesquisas sobre Risco e Observância (incluindo Robert Akerley, Christian Byrner, French Caldwell, Rick deLotto, Trish Jaffarian,

Avivah Litan, Rich Mogull, John Pescatore, Romilly Powell, Paul Proctor, Donna Scott e Roberta Witty) proporcionaram toda uma riqueza em pesquisas e avaliações em suporte ao nosso trabalho aqui. Também gostaríamos de agradecer a assistência em pesquisa de vários mestrandos do MIT: Vikram Mahidar, Michele Salazar, Philip Sun, Robert Walpole e Lenny Zeltser. Agradecemos também a Catherine Anderson, Jim Barrington, Brian Cleary, Chris Curran, Michael Duffy, Mike Flouton, Bud Mathaisel, Peter Morgan, Michael Schrage e John Sviokla e aos professores Ritu Agarwal, Cynthia Beath, Wynne Chin, Marco Iansiti, Blake Ives, Kalle Lyytinen, Warren McFarlan, Ryan Nelson e Jeff Samples por seus conselhos e contribuições para a pesquisa.

Também gostaríamos de agradecer a nossos amigos e colegas que nos ajudaram a tornar bem-sucedido o processo de escrita deste livro. Mark McDonald, Bob Yang e três revisores anônimos leram versões preliminares e fizeram sugestões importantes que ajudaram a moldar o produto final. David Fitzgerald, Jeanne Ross e Peter Weill ofereceram sugestões sobre esse processo, desde a proposta até a versão finalizada. E, finalmente, este livro nunca teria se concretizado sem a perita colaboração, o estímulo e as habilidades administrativa das editoras Heather Levy, da Gartner, e Jacqueline Murphy, da Harvard Business School Press.

Nota Pessoal de George

Gostaria de agradecer, primeiro, a minha esposa, Marilyn Augustyn. Ela é, para mim, uma prova viva da mensagem deste livro: o casamento pode ser um risco, mas traz um valor tremendo se você o administrar bem. Obrigado por seu amor, tolerância, compreensão e ajuda durante as longas horas de escrita e reescrita (e em todos os demais momentos). Obrigado também a meus filhos, Henry e Clare, que trouxeram um novo sentido a nossas vidas e continuam a fazer isso todos os dias. E obrigado, finalmente, a meus pais, irmãs, amigos e mentores, que me mantiveram no caminho certo, me estimularam nas coisas novas e tornaram a vida aprazível ao longo dos anos. Sou-lhes eternamente grato.

Nota Pessoal de Richard

Gostaria de agradecer a minha esposa, Patty, a meus filhos, Dean e Susan, a meu genro, Jim, e a meus netos, Elias Hayes e Samuel Richard, por serem as melhores e mais maravilhosas pessoas que conheço. Todos arriscamos muito e fomos recompensados na maioria das vezes.

Introdução

O Risco de TI e Suas Conseqüências

MEIO SÉCULO DE adoção de tecnologia num ritmo surpreendentemente rápido gerou um mundo em que a TI está não apenas presente por toda parte, mas também difusa e complexamente interconectada dentro e fora das empresas. Conforme a dependência e a interdependência da TI pelas empresas foram aumentando, as conseqüências do risco de TI aumentaram igualmente. O que é o risco de TI? É a possibilidade de que algum evento imprevisto, que envolva falha ou mau uso da TI, ameace um objetivo empresarial – e ele já não se limita ao departamento de TI ou à central de dados da empresa. Um incidente de risco de TI tem o potencial de gerar conseqüências comerciais que afetam uma vasta gama de *stakeholders*[1]. Em suma, o risco de TI tem grande relevância – agora mais do que nunca.

Essa mudança no significado e na importância do risco de TI pegou de surpresa alguns executivos. Todo executivo, em algum momento, já experimentou problemas com sua organização e seus sistemas de TI, incluindo atrasos e custos inesperados em projetos de desenvolvimento, perda temporária ou prolongada de serviços, perda ou furto de dados, processos desnecessariamente complicados por interfaces e limitações do sistema, informações imprecisas de sistemas redundantes ou "bugados" e uma miríade de outros males. Em geral, os executivos aprenderam a ver – e até mesmo a aceitar – esses episódios como lamentavelmente comuns, mas relativamente limitados em seu impacto sobre os indicadores de negócios essenciais. Estudos de caso de empresas como a Tektronix e a Comair, contudo, demonstram como essa visão já não se sustenta.

A Comair, uma subsidiária de US$ 780 milhões da Delta Air Lines, enfrentou um incidente descontrolado de risco de TI em 24 de dezembro de 2004, quando o sistema de escalação da tripulação da companhia falhou.[2] Esse sistema é crítico para a missão de uma viação aérea. Os regulamentos de segurança da Administração Federal de Aviação limitam o número de horas que qualquer membro da tripulação pode trabalhar em um período de 24 horas. O sistema de escalação é o que garante a observância desses regulamentos, que são estritamente impostos. Sem seu sistema de escalação, uma viação aérea não voa.

Em razão das férias, dezembro é sempre o mês mais atribulado para as viações aéreas dos EUA. Dezembro de 2004 foi mais atribulado do que o normal, porque o tempo, insolitamente ruim, obrigou as viações aéreas a cancelar ou remarcar muitos vôos, inclusive 91% de todos os vôos entre 22 e 24 de dezembro. Ninguém na Comair sabia que o sistema de escalação da tripulação (que fora comprado de um fornecedor externo) era capaz de lidar com um máximo de apenas 32 mil alterações por mês.[3] Por volta das 10 horas da noite da véspera de Natal, quando a Comair efetuou uma nova alteração nos vôos, excedendo a capacidade mensal, o sistema deixou abruptamente de funcionar.

Os técnicos da Comair logo se deram conta, para seu estarrecimento, de que o sistema simplesmente não podia ser reiniciado. A única solução era recarregá-lo do zero, o mais rápido possível. A equipe técnica realizou essa tarefa e relançou o sistema tardiamente no dia 25 de dezembro, mas, a essa altura, a Comair estava com problemas para reunir no local necessário suas tripulações e suas aeronaves dispersas. A viação não retomou suas operações normais senão em 29 de dezembro.

Enquanto a empresa lutava para se recobrar do desastre, quase 200 mil passageiros desamparados da Comair vagavam impotentemente por aeroportos nos Estados Unidos. As linhas aéreas estavam totalmente lotadas para a temporada de viagens nas férias, e havia poucos vôos alternativos. Durante o feriado de Natal, equipes de reportagem de noticiários da televisão local e nacional acompanharam passageiros ao longo desses terminais, transmitindo a aflição dos viajantes e da Comair para o público americano.

Duas semanas depois da falha do sistema, o Secretário de Transporte dos EUA anunciou uma investigação sobre os incidentes. Uma semana depois, o presidente da empresa, Randy Rademacher, renunciou. Além do dano causado à reputação da empresa, a sua administração e a seus clientes, os prejuízos da Comair em resultado direto desse incidente foram estimados em US$ 20 milhões.[4] Em outras palavras, os prejuízos desse único incidente quase equivaleram aos US$ 25,7 milhões de lucro operacional da firma no trimestre anterior.

Por repetidas vezes, a empresa havia planejado, e protelado, a substituição do sistema de escalação antes de ele falhar.[5] Apesar do resultado, essas decisões podem ser defendidas como decisões racionais de negócios. O sistema estava em operação há anos, e a probabilidade de uma falha total – especialmente uma falha resultante de uma fonte inteiramente imprevista – era aparentemente baixa. Que o sistema viesse a falhar num momento em que essa falha seria extremamente danosa para a empresa e para seus clientes foi um azar imenso, mas difícil de prever.

Todavia, algo além da decisão infeliz de protelar uma atualização estava envolvido. A Comair carecia de um plano viável para a recuperação imediata dos processos de negócio críticos para sua missão. Seus executivos deixaram de traçar planos para o caso de uma falha de tamanho impacto, por mais improvável que ela fosse. Quando o software caiu, não havia um sistema de backup que pudesse ser posto em atuação imediata, nem um fornecedor à disposição pronto para intervir, nem um plano que pudesse manter a empresa atuando manualmente enquanto o sistema era reparado.

Em outras palavras, não foi só o sistema de computação que falhou – foi o processo da Comair para compreender e administrar as conseqüências comerciais do risco de TI. E garantir que os grandes riscos corporativos de uma organização – de TI ou outros – sejam administrados num nível aceitável é uma responsabilidade de seus executivos seniores. Talvez seja por isso que o presidente da empresa, e não o CIO, partiu na esteira do incidente.

O caso da Comair está relacionado com o risco da *disponibilidade*. O caso da Tektronix, com o da *agilidade* – a habilidade de fazer alterações rapidamente, com custos e riscos sob controle. Em meados da década de 1990, executivos dessa fabricante de artigos eletrônicos de US$ 1,8 bilhão descobriram que seus planos de se despojar de uma grande unidade comercial haviam encalhado num obstáculo imprevisto.[6] Processos financeiros e fabris essenciais para três unidades comerciais da Tektronix estavam repletos de interdependências não documentadas entre sistemas críticos. Extrair daquele emaranhado os sistemas de um único negócio seria como retirar uma parede de sustentação de um edifício: não há como fazê-lo sem uma grande reestruturação. A unidade separada exigiria a duplicação de quase todos os grandes sistemas da Tektronix (inclusive os sensíveis dados corporativos que continham), bem como o recrutamento de técnicos para mantê-los. A dificuldade de segmentar uma divisão, com ou sem seus sistemas de TI, direcionou o foco para aqueles riscos de agilidade de TI que estiveram presentes por anos.

A Tektronix chegou gradualmente a esse dilema estratégico. Durante décadas, seu departamento de TI havia ampliado sistemas existentes, construído novos sistemas apartados e desenvolvido softwares para vincular sistemas conforme a necessidade. Toda nova "solução" era um comprometimento inconsciente da agilidade de longo prazo no interesse dos benefícios de curto prazo. Os problemas inerentes a essa abordagem não estavam imediatamente visíveis para os executivos, mas eles se agravaram com o tempo, assim como leva tempo para que o crescimento não planejado e descontrolado numa cidade sobrecarregue ruas, escolas, esgotos e serviços de suporte.

No início da década de 1990, os executivos da Tektronix sabiam que seus sistemas de TI tinham problemas. Mudanças demoravam muito mais para serem implementadas do que deveriam e do que os executivos teriam preferido. Era frustrantemente difícil ter uma visão integrada dos clientes, produtos e pedidos da empresa. Os gerentes de negócio se queixavam de que o suporte da TI vinha piorando, e os gerentes de TI sabiam que os sistemas estavam se tornando cada vez mais difíceis de serem mantidos. A coordenação extensiva por uma hábil equipe de suporte para compensar as inadequações do sistema ficou tão freqüente que chegou a gerar um lema: "Cinco chamados cumprem o recado".

Esses sinais progressivos de riscos de agilidade, entretanto, pareciam ter um impacto relativamente baixo. Eram incômodos, é claro, mas eram uma parte mais ou menos normal do modo como os negócios eram feitos na Tektronix e em muitas outras empresas. Só quando os executivos da Tektronix tentaram romper com o passado é que viram a real ameaça que aqueles incômodos familiares representavam.

Os casos da Tektronix e da Comair são extremos em suas conseqüências, mas não únicos. Outros eventos em múltiplos setores da indústria mostram que os executivos precisam aprender a pensar nos riscos de TI em termos de sérias conseqüências para os negócios:

1. em meados de 2005, a CardSystems Solutions Inc. revelou que pessoas desconhecidas haviam obtido acesso não autorizado às transações computadorizadas de crédito de 40 milhões de titulares de cartões de crédito. Poucas semanas depois da intrusão, as duas maiores clientes da CardSystems – a Visa e a MasterCard – encerraram seus negócios com a empresa, que foi vendida pouco depois;[7]

2. em 1996, a implementação fracassada de um software de planejamento de recursos empresariais da SAP na FoxMeyer, uma distribuidora farmacêutica de US$ 4 bilhões, levou supostamente à falência da empresa. Os curadores da companhia abriram um processo contra a SAP (a fornecedora do software) e a Accenture (a integradora de sistemas para o projeto), exigindo de cada uma delas uma indenização por danos de US$ 500 milhões. O caso foi acertado fora dos tribunais em 2005;[8]

3. em dezembro de 2003, a Inland Revenue do Reino Unido pôs em produção um novo sistema para administrar créditos fiscais. Os testes de pré-produção limitaram-se a 4 semanas em vez das 20 previstas, pois o projeto estava atrás do cronograma. Estima-se que mais de 2 bilhões de libras em créditos fiscais errôneos tenham sido pagos pelo sistema antes de os erros serem reconhecidos e as medidas corretivas serem adotadas.[9]

Poderíamos facilmente continuar – não faltam incidentes recentes desse tipo, e mais são reportados a toda semana. A TI se tornou cada vez mais central para os negócios ao longo dos últimos 20 anos, mas muitas empresas não ajustaram seus processos para tomar decisões essenciais a respeito dela e de seus riscos. Os resultados são incidentes de risco com 3 fatores em comum:

1. eles envolvem um prejuízo significativo para partes constituintes dentro e fora da empresa, em resultado de falha dos sistemas de TI ou dos controles dos processos de TI;

2. cada vez mais eles envolvem a divulgação pública, o que resulta em danos à reputação e em um escrutínio regulador.[10] Essa divulgação pública amplifica as conseqüências do risco de TI, com resultados subseqüentes que, por vezes, excedem em muito os prejuízos econômicos iniciais;

3. eles revelam a não-prestação de contas sobre possíveis conseqüências comerciais da administração dos riscos de TI – em outras palavras, expõem uma falha da administração em geral, e não apenas da administração de TI.

Executivos que investiram – sabiamente – na TI como arma estratégica aumentaram, ao mesmo tempo, o risco de TI de suas empresas. Ao dependerem mais da TI para processos-chave, eficiências competitivas e elos com clientes e fornecedores de suas firmas, eles aumentaram a dependência de sistemas de TI com bom funcionamento, bem como sua vulnerabilidade a ameaças externas.

Muitos gerentes ainda não entendem as plenas implicações dessa mudança. Para dizer de forma brusca, a gestão do risco de TI não acompanhou a realidade do risco de TI. Em muitas empresas, o risco de TI ainda é tratado como uma questão técnica, sendo em grande parte ignorado pelos executivos de negócio. Mesmo quando estes últimos compreendem a importância estratégica da TI em suas empresas, eles muitas vezes não se mostram aptos ou dispostos a fazer as difíceis acomodações necessárias para administrar efetivamente os sistemas de TI.

As Causas do Risco de TI

Para entender o que causa o risco de TI nas organizações e como administrá-lo efetivamente, realizamos uma série de estudos de pesquisa que combinam o rigor acadêmico com as constatações práticas que ambos fizemos ao longo de 20 anos de trabalho em e com organizações de TI. Mais de 50 empresas participaram dos estudos de caso, e mais de 130 participaram de uma pesquisa associada com esta iniciativa. Apresentações com mais de 2 mil executivos de TI e de outras áreas nos ajudaram a refinar as descobertas de nossa pesquisa e a relacioná-las com situações do mundo real.

Nossa pesquisa demonstra que a maioria dos riscos de TI decorre não de problemas técnicos ou de problemas com funcionários de baixo escalão, mas, sim, de falhas da supervisão da empresa e da governança dos processos de TI. Essas falhas acarretam uma série de más decisões e ativos de TI mal estruturados, que se manifestam na forma de uma governança de TI ineficaz, de uma complexidade descontrolada e de falta de atenção ao risco.[11] Em outras palavras, a maioria dos riscos de TI resulta não da tecnologia em si, mas de processos decisórios que, conscientemente ou não, ignoram a plena gama de possíveis conseqüências comerciais do risco de TI. Com o tempo, conforme ações cegas ao risco se acumulam e se agravam, as condições para incidentes de risco descontrolados e desastrosos aumentam.

A Governança de TI Ineficaz

Muitos dos fatores de risco que discutimos ao longo deste livro são sintomas de uma condição comum: um histórico de governança de TI ineficaz (ver *O que é governança de TI?*).

Uma governança de TI inadequada – a ausência de estruturas e processos apropriados para o envolvimento dos negócios nos investimentos e nas decisões de TI – pavimenta o caminho para o risco, de duas importantes maneiras:

1. *Decisões otimizadas localmente geram riscos empresariais.* As organizações de TI de muitas empresas são estruturadas e motivadas (por exemplo, mediante linhas de subordinação e responsabilidades) para estarem mais próximas às organizações de negócio que servem e para responderem o mais rapidamente possível a solicitações da área de negócios, e não para adotarem uma visão empresarial das decisões de TI. Embora cada decisão otimizada localmente possa parecer justificável e segura, os riscos de agilidade nelas implícitos atingem, com o tempo, níveis perigosamente altos, como no caso da Tektronix.

2. *Sem o envolvimento da área de negócios, os gerentes de TI podem fazer pressuposições incorretas a respeito de quais riscos importam mais para os negócios.* Quando os mercados, a concorrência ou a estratégia corporativa mudam, a organização de TI pode tardar a perceber, se tanto, que os pressupostos comerciais básicos e os procedimentos operacionais padronizados também precisam mudar. O resultado é uma brecha entre os controles e os riscos reais e aparentes, com superinvestimento na administração de riscos menores e subinvestimento naqueles mais críticos.

Uma governança de TI efetiva é especialmente importante em tempos de rápidas mudanças estratégicas, quando pressupostos antes válidos sobre o que tem mais importância (e por quê) se tornam questionáveis – e a rápida mudança estratégica é um fato na vida da maioria das indústrias hoje.

Complexidade Descontrolada

A complexidade por si não é necessariamente mais arriscada do que a simplicidade. Os automóveis modernos são muito mais complexos do que os da década de 1960, mas também são, em geral, mais seguros, mais confiáveis e mais eficientes, e de muito melhor qualidade no todo. Entretanto, a complexidade sem uma

---

O que é Governança de TI?

A governança de TI é definida como a "especificação dos direitos decisórios e do framework de responsabilidades para estimular comportamentos desejáveis na utilização de TI"[a]. Assim como a governança financeira ou corporativa, a governança de TI se encontra embutida nas estruturas formais que delegam direitos e responsabilidades por decisões em certos domínios da TI (como aplicações, arquitetura e segurança) aos devidos executivos de TI e negócios. As decisões sobre governança são apoiadas por processos para trazer informações à tona e determinar ações resultantes. Em suma, um arranjo de governança de TI descreve como as decisões da empresa no campo da TI são tomadas e impostas.

a. Peter Weill e Jeanne Ross. *Governança de TI: Como as empresas com melhor desempenho administram os direitos decisórios de TI na busca por resultados superiores.* São Paulo, M.Books, 2006.

engenharia sólida aumenta o risco de diversas maneiras. Mais importante, ambientes complexos sem uma engenharia cuidadosa tendem a ser frágeis. Eles têm muitas partes móveis, e as partes ficam propensas a se quebrar ou a funcionar de maneira imprevisível, com efeitos igualmente imprevisíveis sobre outros sistemas técnicos e comerciais. Ambientes desordenadamente complexos como esses exigem muito conhecimento e atenção para serem efetivamente administrados, e estes recursos são escassos. O resultado é um risco maior.

Falta de Atenção ao Risco

A falta de atenção ao risco estimula os riscos operacionais. Seus sintomas incluem:

1. falta de *conhecimento ou conhecimento inadequado*. Dispensas, funcionários aposentados, promoções e dependência de consultores externos reduzem o conhecimento essencial da empresa e abrem as portas ao risco;

2. *má administração da infra-estrutura*. Uma administração inadequada de dispositivos e a recusa em desativar tecnologias antigas e pouco confiáveis resultam em custos e índices de reprovação elevados e em longos tempos de recuperação;

3. i*gnorância, negligência ou deslealdade dos funcionários*. Funcionários que não sabem ou não se importam em evitar riscos e funcionários dados a atos destrutivos ou criminosos geram falhas e rupturas da segurança e da privacidade;

4. *sistemas cegos a atividades perigosas*. Sistemas que deixam de detectar ou prevenir atividades perigosas estimulam a falta de atenção da administração ao removerem uma camada potencial de alertas e proteção automatizados. Controles automatizados são particularmente importantes quando a empresa concede a funcionários-chave autoridade considerável para agir autonomamente. Por exemplo, níveis apropriados de controles automáticos no Barings Bank poderiam ter detectado as atividades de Nick Leeson, cujas negociações não autorizadas, em violação das regras da empresa, causaram prejuízos de US$ 1 bilhão em 9 meses e levaram a instituição à falência.[12]

A governança ineficaz, a complexidade descontrolada e a falta de atenção ao risco geram um ambiente com riscos difusos de TI. Riscos difusos não podem ser totalmente controlados se for solicitado aos técnicos que realizem tarefas técnicas de outra maneira. Os riscos são intrínsecos à maneira como a companhia faz negócios, e não apenas à forma como administra a TI. Além disso, fatores de risco se reforçam e agravam uns aos outros, de modo que tratar de riscos individuais vistos por gerentes particulares não dá conta da plena gama de riscos implícitos em dada situação.

Em suma, ter um excelente pessoal de TI não basta para controlar o risco de TI. Administrar esse risco requer que todas as pessoas envolvidas pensem de uma nova maneira. O CIO precisa deixar as conseqüências comerciais do risco de TI claras para os executivos de negócio e proporcionar um ambiente decisório em que esses executivos possam discutir e tomar decisões sobre o risco de TI em termos comerciais. Os executivos de negócio precisam se certificar de que o CIO implementará a gestão de risco e devem participar nas difíceis decisões e mudanças culturais que a gestão do risco de TI envolve.

O Risco de TI como Risco Comercial e Valor de Negócio

Como o risco de TI é agora um risco comercial com conseqüências para os negócios, as empresas precisam mudar a forma como o administram. A área de negócios já não pode se dar ao luxo de presumir que os riscos de TI ficarão contidos entre as paredes do departamento de TI, ou mesmo da empresa. Ela deve substituir abordagens de viés tecnológico e visões fragmentárias do risco de TI por uma visão integrada que parta da compreensão dos riscos e das conseqüências comerciais decorrentes das decisões de TI. E então deve tomar atitudes.

Foi isso essencialmente que a Tektronix fez depois de seu rude despertar para o risco de TI em 1996. Liderada pelo CFO e pelo CIO, com forte apoio do CEO, a Tektronix redesenhou seus processos comerciais e substituiu sua salada de sistemas complexos por um pacote de planejamento de recursos empresariais (ERP). A iniciativa exigiu que uma liderança comprometida promovesse a defesa da mudança, convencesse os céticos a adotar processos padronizados e disciplinasse os redutos remanescentes. Não apenas os sistemas de informação tiveram de mudar: a indisciplinada variedade de processos comerciais que produzia o pântano de sistemas atolados em risco também teve de mudar.

O processo foi doloroso – levou 3 anos e cerca de US$ 55 milhões para ser concluído –, mas acabou se mostrando bem-sucedido em muitos sentidos. A Tektronix viu-se, enfim, capaz de adquirir e de se despojar flexivelmente de divisões. As mudanças reduziram outros riscos de TI e também melhoraram significativamente o desempenho dos negócios. Informações mais precisas e entregues com maior rapidez possibilitaram maior visibilidade dos estoques, aprovações de crédito mais rápidas e a quintuplicação da porcentagem das expedições diárias. No fim das contas, os executivos tinham melhores informações para apoiar decisões estratégicas e maior agilidade para implementar essas decisões.[13]

Em nossa pesquisa, encontramos muitas empresas que deram uma reviravolta em situações perigosamente arriscadas ao criarem recursos para a gestão do risco de TI incorporando dois elementos-chave:

1. elas adotaram uma visão integrada do risco de TI que lhes permitia fazer acomodações racionais e bem informadas sobre ele em termos comerciais;

2. elas deram uma ênfase cuidadosa a três disciplinas centrais para a gestão do risco: simplificar o alicerce de TI, criar um processo de governança do risco e promover uma cultura de consciência do risco.

Esses elementos funcionam juntos. Sem uma capacidade efetiva de gestão do risco, as empresas não conseguem manter conversas úteis sobre o risco de TI. Sem uma linguagem comum que comunique os riscos de TI em termos comerciais, os executivos de negócio não têm como tomar decisões informadas sobre esses riscos.

Administrar uma visão comercial integrada do risco de TI por meio das três disciplinas centrais reduz as ameaças da TI ao mesmo tempo que aumenta o valor de negócio derivado dela. Se o risco de TI é tratado como uma questão de observância ou evitação, ele passa a ser um mero custo a ser administrado. Entretanto, se ele for tratado da maneira certa, como uma capacidade e um risco para os negócios, gerar-se-á valor de negócio de três maneiras. Primeiro, há menos incêndios a apagar, e a empresa pode se concentrar em atividades mais produtivas. Segundo, o alicerce da TI torna-se mais bem estruturado e menos custoso, liberando recursos para atividades mais produtivas. Terceiro, a empresa pode buscar oportunidades valiosas que outras considerariam demasiado arriscadas para tentar.

A Estrutura e o Público-alvo deste Livro

Muitos livros já foram escritos sobre elementos específicos da gestão de risco, tanto na área de negócios como na de TI. No entanto, pelo que se sabe, este é o primeiro livro a oferecer conselhos e ferramentas rigorosamente baseados em pesquisas com a finalidade de formar uma visão abrangente do risco de TI como risco comercial. Como tal, ele deve ser lido tanto por executivos de negócio como de TI.

Se você for um executivo de negócio ou um membro do conselho, oferecemos idéias, frameworks e conselhos para ajudá-lo a cumprir suas responsabilidades fiduciárias de administrar os riscos de TI tão efetivamente quanto administra outros riscos.

Se você for um executivo de TI, oferecemos conselhos e ferramentas passo a passo para ajudá-lo a construir uma estrutura para a gestão do risco de TI. Oferecemos informações de forma prática para ajudá-lo a iniciar o programa, encontrar os especialistas certos para cada elemento e envolver tanto os negócios como a TI nos papéis corretos.

O capítulo 1 apresenta nosso framework central, que associa o risco de TI às prioridades comerciais. Ao contrário da maneira técnica e compartimentada como a maioria das empresas administra o risco de TI, afirmamos que os riscos da TI são mais bem resumidos em termos de quatro objetivos comerciais essenciais: disponibilidade, acesso, precisão e agilidade. Riscos técnicos podem ser mais bem administrados em termos de custos, benefícios e acomodações com os objetivos comerciais – a exemplo da forma como os executivos tomam todas as suas decisões-chave.

Descobrir uma forma de discutir riscos de TI em termos naturais de negócios é apenas a primeira parte. As empresas também precisam ter a capacidade de identificar, priorizar e resolver os riscos que enfrentam.

O capítulo 2 inicia a empresa neste caminho com uma discussão das três disciplinas centrais da gestão efetiva de risco:

1. um *alicerce* bem estruturado e bem administrado de ativos, funcionários e processos de apoio para a TI;

2. um *processo de governança do risco* bem projetado para identificar, priorizar e rastrear riscos;

3. uma *cultura de consciência do risco*, em que as pessoas entendam as causas e as soluções do risco de TI e se sintam à vontade para discuti-lo.

As empresas geralmente partem de alguma dessas decisões e a enfatizam, mas, no fim das contas, elas precisam ser capazes em todas. Com o tempo, uma empresa pode decidir mudar de ênfase, conforme suas capacidades amadurecem.

Os capítulos 3 a 6 representam o coração do livro e oferecem um mapa para o desenvolvimento de recursos eficazes de gestão de risco. Esses capítulos foram escritos para executivos de TI, que serão os responsáveis por implementar as práticas, e devem ser lidos de passagem por executivos de negócio, que participarão dos processos e incumbirão seus CIOs de implementá-los.

Os capítulos 3 e 4 descrevem como aprimorar o alicerce de aplicações, infraestrutura, pessoas, processos e controles da TI. Nesses dois capítulos, descrevemos a pirâmide do risco de TI e como os executivos podem usá-la para administrar os riscos certos na ordem certa.

O capítulo 5 mostra como estabelecer a segunda disciplina central, o processo de governança do risco de TI. Um processo efetivo para essa governança é coordenado por um diretor de risco, conduzido por gerentes de cada área funcional e supervisionado por executivos de níveis superiores. O capítulo inclui processos e ferramentas para tornar efetiva a governança de risco.

A última disciplina de risco, uma cultura de consciência do risco, é o tema do capítulo 6. Nenhum processo pode ser efetivo e nenhum alicerce pode ser protegido se a empresa tiver medo de falar sobre o risco. Uma cultura de consciência do risco começa pelo topo, com executivos de negócio que determinam a direção, modelam uma tomada de decisões consciente do risco e recompensam comportamentos que administram riscos efetivamente. A meta é uma cultura em que o risco seja discutido de forma aberta em toda a organização e administrado ativamente em níveis toleráveis.

Os capítulos 7 a 9 trazem o enfoque de volta aos executivos de negócio, que são tão fundamentais para a gestão do risco de TI. O risco de TI tem sérias conseqüências comerciais, e os executivos de negócio têm importantes papéis a desempenhar para que ele seja administrado efetivamente.

O capítulo 7 descreve como avaliar cada disciplina – o alicerce, o processo de governança do risco e a cultura de consciência do risco – em sua organização e como trazer cada uma delas a um nível competente. Embora as empresas precisem se tornar competentes nas três disciplinas o quanto antes possível, muitas vezes elas escolhem uma disciplina focal como ponto de partida para aprimorar continuamente as três até muito acima do estágio de competência. Apresentamos ferramentas de diagnóstico para avaliar os prós e os contras de diferentes escolhas para a disciplina focal em sua organização.

O capítulo 8 trata de olhar para a frente para antever riscos estratégicos. Grande parte da gestão de risco envolve a identificação e a resolução de riscos no presente ou no futuro próximo, mas os executivos têm o dever de garantir que a empresa seja viável a longo prazo. Por isso, neste capítulo descrevemos como incorporar a gestão de risco às considerações da firma quanto a prováveis mudanças estratégicas futuras.

O capítulo 9 encerra o livro com um sumário dos temas centrais e um chamado executivo à ação. Ele destaca dez maneiras como os executivos podem melhorar sua gestão do risco de TI.

Um

O Framework 4A[1] de Gestão de Risco

NOS PRIMEIROS DIAS da Internet, o grupo de TI de certa seguradora era responsável por hospedar e manter os recém-desenvolvidos sites da firma. A equipe de TI proporcionava suporte no local 16 horas por dia e ficava à disposição após o expediente. Tudo corria bem, ou assim achava a equipe de TI, mas não demorou até que um executivo sênior de uma divisão exigisse que o suporte para os sites fosse terceirizado. Em resposta, a equipe de TI preparou uma análise completa de serviços internos e externos e recomendou que a terceirização fosse protelada. Na opinião da equipe, o pessoal interno podia proporcionar um apoio mais barato e mais responsivo para os sites durante as 16 horas de cobertura plena, e não cobraria extra por mudanças inesperadas ou páginas novas. Os tradicionais canais de atendimento da empresa ainda estavam disponíveis se o site caísse, e um técnico à disposição poderia resolver qualquer problema dentro de 2 horas, se fosse de fato necessário.

Para a surpresa da equipe de TI, a recomendação foi rejeitada. Para eles, a Internet não era nada mais do que uma nova tecnologia, mas, para a área de negócios, era um novo canal de atendimento estratégico, com novíssimas regras – um símbolo do espírito inovador da empresa e de sua disposição para andar uma milha a mais com o objetivo de proporcionar um serviço de alta qualidade. A idéia que a área de negócios fazia de risco inaceitável era um único minuto de downtime imprevisto, pois este teria o potencial de prejudicar as dramáticas melhorias na prestação de serviços e na satisfação do cliente que a estratégia da Web prometia. Uma pequena despesa extra para assegurar um uptime contínuo não significava muito em comparação com os potenciais custos de oportunidade do downtime.

Num caso diferente, o novo CIO de uma companhia química, procurando fazer cortes no orçamento, notou que seu predecessor havia negociado uma garantia custosa com o fornecedor terceirizado de TI da firma. O processamento de pedidos da empresa, sua contabilidade e seus sistemas de expedição seriam restaurados em 15 minutos em caso de falha. O CIO se perguntava por quê. "Uma recuperação de 15 minutos é criticamente importante para bancos", ele pensava, "mas nós somos uma indústria química! A maioria dos pedidos pode demorar horas sem nenhum impacto sobre nossos clientes. Por que estamos pagando a mais por uma garantia de 15 minutos para esses sistemas?". A equipe de administração sênior da empresa concordou com ele que os custos eram altos em relação aos riscos comerciais. A empresa logo trocou seu dispendioso plano de recuperação quase instantânea por uma garantia de recuperação em 12 horas, com uma economia anual de 3% do orçamento de TI – mais do que o bastante para compensar o risco de que um pedido fosse retardado a ponto de o cliente perceber.

Como mostram esses exemplos, em muitas empresas é difícil que as equipes de negócios e de TI troquem informações sobre riscos de TI de maneira mutuamente esclarecedora. A linguagem e a visão de mundo especializadas da TI são muito diferentes das questões que interessam a um gerente geral ou a outro executivo de topo, e os gerentes precisam tomar medidas para cruzar essa lacuna.[2] O antigo CIO da companhia química, pensando em termos de riscos pessoais e técnicos, superinvestiu para assegurar que a TI jamais permitiria que um processo comercial falhasse; o novo CIO, pensando como executivo de negócio, via o risco de TI como uma condição a ser administrada usando o mesmo tipo de acomodação comercial que os executivos da empresa faziam todos os dias.

A perspectiva comercial é essencial quando se trata de compreender as conseqüências do risco de TI. Para fazer acomodações efetivas que envolvam o risco de TI, um executivo de negócio precisa saber o que acontece com os negócios quando a tecnologia apresenta falhas ou subdesempenho. Por exemplo, no caso específico do risco de disponibilidade, se um sistema ficar fora de serviço por 2 horas, quantos pedidos serão perdidos ou não expedidos? Que funcionários ficarão inativos? Quem será pago incorretamente ou não será pago? Que clientes ficarão desapontados ou irritados? Que custos legais, regulamentares ou de mercado serão acarretados, e que oportunidades de negócio serão proteladas ou perdidas? Que meios alternativos de fazer negócios estão disponíveis, e quais são suas limitações? Como esses riscos específicos de disponibilidade se acomodam com outros riscos? Até que essas perguntas sejam respondidas, a falha do sistema é apenas uma circunstância que pode ou não ser um problema digno de atenção e recursos.

Uma Visão Holística do Risco de TI

Executivos que não compreendem as implicações comerciais do risco de TI maldizem o que consideram restrições injustas de sua liberdade de agir e a aparente inabilidade do pessoal de TI para entender a importância de agir rápido para aproveitar oportunidades de mercado. O pessoal de TI, por outro lado, frente à dificuldade de manter em bom funcionamento uma plataforma tecnológica complexa, nem sempre considera as implicações comerciais de suas decisões técnicas. Na verdade, muitas organizações de TI se estruturam de acordo com fatores de risco técnico – o grupo de infra-estrutura, os grupos de desenvolvimento de aplicações, o grupo de gestão dos fornecedores, e assim por diante. Esses grupos tratam melhor os riscos em seus próprios silos tecnológicos. Entretanto, eles podem estar sendo guiados por pressupostos ultrapassados quanto às prioridades comerciais ou indevidamente influenciados pelos clientes internos que gritam mais alto. No fim das contas, esses grupos, com freqüência, se recostam no que conhecem melhor: sua função é fazer com que a tecnologia funcione – e ponto –, e tudo o que comprometa essa missão é um risco intolerável. É raro que decisões sejam tomadas holisticamente entre os diferentes tipos de fatores de risco. Mas é exatamente a visão holística que se faz necessária.

Assim como os riscos de TI têm conseqüências comerciais, administrá-los tem implicações para o modo como os negócios são feitos. Soluções da gestão do risco de TI que não levem em conta necessidades e práticas comerciais podem ser tecnicamente corretas, mas são, em geral, insuficientes. O reverso também se aplica: funcionários da área de negócios que não incluam a TI em seus cálculos não podem ter certeza de que os recursos necessários para reprimir o risco comercial estarão disponíveis quando necessário (ver **Tomando decisões comerciais sobre o risco de TI na Novartis**).

Considere o plano para a recuperação de desastres criado pelo grupo de TI numa firma de serviços financeiros da *Fortune* 500. O plano garantia que, no caso de terremoto, enchente ou outro evento imprevisto que destruísse a sede da companhia, o grupo de TI teria os sistemas críticos funcionando num local de backup após 30 minutos. Era um plano notavelmente detalhado, mas não resolvia o problema real, que era fazer com que os *negócios*, e não apenas os sistemas, voltassem a funcionar. O pessoal de TI não fora capaz de obter o tempo e o apoio dos peritos em negócios para concluir essa parte do plano. E assim ficaram as coisas até que a equipe de TI pressionou, promovendo um teste muito visível de um cenário desastroso. O teste deixava abundantemente claro que, mesmo que os sistemas de TI estivessem funcionando após 30 minutos no local de backup, não haveria como fazer negócios sem um espaço adequado para o escritório, móveis, telefones e outros tipos de infra-estrutura comercial. Com a real gravidade da situação flagrantemente evidente, os gerentes de negócio concordaram em ajudar a completar e administrar o plano para a recuperação dos negócios.

Tomando Decisões Comerciais sobre o Risco de TI na Novartis

O CIO Jim Barrington chefia a TI na Novartis, uma companhia de US$ 37 bilhões com mais de 100 mil empregados. Para ele, uma abordagem comercial baseada em riscos é essencial: "A organização é muito complexa, com 75 mil PCs, milhares de servidores e todos os tipos de requisitos de segurança. Não se pode administrar todo o risco associado com um ambiente tão amplo de maneira perfeita. Adotamos o princípio de que, se não podemos eliminar o risco, é melhor tentar entendê-lo e administrá-lo.

Começamos a considerar o risco comercial associado com a queda de tal servidor, com a indisponibilidade de tal aplicativo, com a não-observância da Sarbanes-Oxley, e assim por diante. Uma vez conhecendo o risco, procuramos administrar a solução ou o esforço, em relação direta com a amplitude do risco. Por exemplo, provavelmente não importa se um de nossos sistemas de folha de pagamento sofre pane. Podemos dar dinheiro às pessoas; podemos dar-lhes cheques. Isso não constitui nenhum risco comercial. Por conseguinte, não precisamos gastar fortunas em centrais de dados de backup destinadas a duplicar isso. Mas dados de exames clínicos provindos de estudos de pesquisa com centenas de pacientes são vitais.

Esse tipo de coisa não pode ser facilmente reproduzido. Há um imenso risco para os negócios caso os percamos – financeiro, de reputação, de todos os tipos. Como resultado, implementamos uma segurança extremamente robusta para proteger, resguardar e fazer backup desses dados.

Por isso, estamos agora concentrando nossos recursos na relação direta da amplitude do risco aparente. E isso é muito útil para nós. Não precisamos fazer tudo para todos da mesma maneira. Tornamo-nos, sim, mais concentrados, e obviamente temos um aproveitamento muito maior de nossos recursos: pessoas, tempo e dinheiro."

Fonte: Jim Barrington, entrevista por George Westerman, do vídeo "IT Risk Management: Four CIO Vignettes" ["Gestão do risco de TI: quatro vinhetas com CIOs"] (Cambridge, MA: Centro de Pesquisa sobre Sistemas de Informação, MIT Sloan School of Management, 2005). Usado com permissão.

O reflexo invertido desse caso é o gerente de atendimento ao cliente de uma companhia de serviços de utilidade pública que fez planos detalhados para um escritório reserva de emergência no caso de um desastre, esquecendo-se, porém, de tomar providências em termos de energia, telefones e conexões de rede suficientes para prover os funcionários de atendimento ao cliente e seus computadores. Felizmente, para todos os envolvidos naquele caso, as instalações de reserva puderam ser conectadas para dar conta do serviço. Mas isso foi pura sorte, e ninguém precisa contar com a sorte para administrar o risco de TI. Há ferramentas disponíveis para eliminar a falta de comunicação que aumenta o risco de TI e suas conseqüências comerciais.

O Framework 4A

Nós desenvolvemos o framework 4A como um mecanismo para traduzir o risco de TI em termos comerciais. Esse framework define o risco de TI como a possibilidade de que algum evento imprevisto que envolva a TI ameace qualquer um dentre quatro objetivos inter-relacionados da empresa: disponibilidade, acesso, precisão e agilidade, como visto na Tabela 1-1.[3]

O framework 4A parte do pressuposto de que todo risco de TI tem implicações comerciais que envolvem acomodações entre diferentes riscos ou objetivos comerciais. Qualquer risco de TI, portanto, deve ser entendido em termos de seu potencial para afetar *todos* os objetivos empresariais mediados pela TI. Esses objetivos são descritos concisamente no framework 4A.[4]

Pensar em termos do framework 4A permite que o pessoal da TI e de negócios discuta riscos de TI nos mesmos termos e desenvolva uma compreensão mútua e integrada das conseqüências comerciais do risco de TI e de como lidar com ele. Os executivos tomam decisões arriscadas todos os dias para aproveitar oportunidades e evitar perigos. No entanto, eles ficam justamente receosos de tomar decisões arriscadas quando não conhecem o bastante sobre o assunto para dar um palpite educado. Independentemente de quanta informação técnica tenham recebido, muitos executivos não sentem que têm conhecimentos e instintos sobre tecnologia para tomar decisões competentes. Muitas vezes, eles nem sabem que perguntas fazer à equipe de TI. Expor o risco de TI em termos comerciais significa que a conversa versará sobre coisas que os executivos conhecem intimamente. Eles sabem o que uma hora de downtime significa para a fábrica e podem compará-la com o impacto de uma hora de downtime nos sistemas de RH. Eles podem comparar o valor de um melhor acesso interno a dados com os prejuízos potenciais que podem advir do vazamento de informações delicadas. Eles sabem como problemas de precisão impedem a tomada de decisões, destroem a eficiência da cadeia de suprimentos e representam uma ameaça regulamentar para a Sarbanes-Oxley. Eles são capazes de avaliar o impacto de um atraso em uma grande iniciativa de mudança estratégica melhor do que ninguém na organização.

Com os custos potenciais dos riscos de TI definidos em termos comerciais, tudo fica mais claro. A equipe de TI pode fazer contribuições úteis para a tomada de decisões mediante cenários com diferentes implicações de custo e risco, e a equipe de negócio pode escolher entre alternativas cujas vantagens e desvantagens ela compreende.

TABELA 1-1

O framework 4A para administrar o risco de TI

Availability (disponibilidade)   Manter os sistemas (e seus processos comerciais) em operação e recuperá-los em caso de interrupções.

Access (acesso)   Assegurar o acesso apropriado a dados e sistemas, de modo que as pessoas certas o tenham quando precisarem e as pessoas erradas, não (a possibilidade de mau uso de informações delicadas cai nesta categoria).

Accuray (precisão)   Proporcionar informações corretas, oportunas e completas que atendam aos requisitos da administração, do pessoal, dos clientes, dos fornecedores e dos reguladores.

(continua)

TABELA 1-1 (*continuação*)

O framework 4A para administrar o risco de TI

Agility (Agilidade) Ser capaz de mudar com rapidez e custo administrado – por exemplo, adquirindo uma firma, completando um grande redesenho dos processos comerciais ou lançando um novo produto/serviço (condições de TI que estreitem as opções da empresa para a ação caem nesta categoria).

Fonte: © 2007 Centro para Pesquisas sobre Sistemas de Informação da MIT Sloan e Gartner, Inc. Este material é adaptado de um framework originalmente desenvolvido em George Westerman, "Understanding the Enterprise's IT Risk Profile" ["Compreendendo o perfil de risco de TI da empresa"], Pasta de Pesquisa IV (1C) (Cambridge, MA: Centro para Pesquisas sobre Sistemas de Informação da MIT Sloan School of Management, março de 2004). Usado com permissão.

O caso da Tektronix descrito na introdução é um exemplo notável.[5] Os custos da mudança foram altos, como também os riscos. Um projeto de planejamento de recursos empresariais (ERP) de US$ 55 milhões distribuídos ao longo de 3 anos não é um investimento trivial de tempo, atenção e recursos, mesmo que o projeto fique dentro do prazo e do orçamento. Mas o argumento comercial em prol da mudança era muito claro. Se o projeto fracassasse completamente, a Tektronix perderia US$ 55 milhões e quaisquer oportunidades a que tivesse renunciado para custear e municiar o projeto. Se o projeto tivesse sucesso, ela eliminaria uma ameaça séria e comprovada à agilidade, que já havia impedido a venda de uma divisão e continuaria a impor restrições estratégicas ao progresso da companhia. Além disso, o sucesso reduziria incômodos riscos de precisão – tais como visões globais inadequadas da clientela, aprovações de crédito excessivamente lentas e visibilidade borrada dos estoques fora das unidades fabris – que comprometiam operações efetivas e prejudicavam o relacionamento da empresa com clientes e fornecedores. O projeto não era um investimento em TI; era um investimento na contínua viabilidade do negócio. Os riscos do projeto eram administráveis; os riscos do *status quo* não eram.

Usando 4A para Orientar a Gestão do Risco de TI

Na Tabela 1-2, discutimos uma amostragem de perguntas baseadas nos 4A que ajudarão executivos seniores a dar conta de sua responsabilidade por supervisionar o risco de TI. Essas perguntas procuram ajudá-los a desenvolver uma consciência maior das condições relativas ao risco e uma visão mais aprofundada de como a tolerância a ele deve variar dentro da firma, bem como ajudar os gerentes de TI a criar os recursos necessários para a gestão do risco. Ao rever estas perguntas periodicamente, os executivos de negócio podem identificar mudanças de alto nível nas operações ou na estratégia que alterem a relativa tolerância ao risco da organização.

TABELA 1-2

Perguntas de nível executivo sobre os 4A

Executivos de negócio podem determinar a direção para os esforços de gestão de risco de TI da empresa discutindo um conjunto de perguntas de alto nível sobre cada item dos 4A. A meta não é falar durante horas sobre cada detalhe, mas, sim, discutir os itens mais importantes e a relativa tolerância ao risco em cada unidade, processo e item dos 4A.

Para dar o pontapé inicial, os executivos seniores podem considerar os riscos relativos à *disponibilidade*:

- quais dentre nossos maiores processos (por exemplo, processamento de pedidos dos clientes, fabricação, cadeia de suprimentos, distribuição, projetos de engenharia, auto-atendimento de RH, contabilidade) dependem mais da TI, e quais as prováveis conseqüências (em termos de perda de receita, relações com clientes ou fornecedores, ações regulamentares, reputação e outros impactos comerciais) caso os sistemas de apoio fiquem indisponíveis?
- dada essa avaliação, que processos e sistemas têm a mais alta prioridade comercial de recuperação em caso de falha?

As perguntas sobre o *acesso* se concentram no valor da informação e nas conseqüências de seu mau uso:

- que categorias gerais de informação (como dados dos cartões de crédito dos clientes, históricos de saúde, design de produtos, e-mails de funcionários, planos e estratégias de negócios, contratos, dados financeiros internos, estoques e informações sobre RH e benefícios) são mais críticas para o sucesso ou fracasso da organização?
- quais as prováveis conseqüências (em termos de receita, de relação com clientes, fornecedores ou funcionários, de ações regulamentares, de reputação etc.) caso informações em uma dada categoria sejam inadvertidamente liberadas, perdidas ou comprometidas?
- em contraste, que categorias gerais de informação causariam poucos danos aos negócios ou à reputação da firma se fossem mal geridas?

As perguntas relativas à *precisão*, para os fins de discussões entre a administração sênior, enfocam o impacto de informações incompletas ou imprecisas sobre estratégias e decisões:

- para os processos e as categorias de informação essenciais, os dados são suficientemente precisos e oportunos para atender a requisitos internos e externos?
- que tipo de restrição, informações incompletas ou imprecisas impõem à organização e a seus planos?
- que processos ou categorias de informação são de maior conseqüência para a imprecisão (em termos de receita, de relação com clientes, fornecedores ou funcionários, de ações regulamentares, de reputação etc.)?
- que processos poderiam se beneficiar de informações mais completas, como uma visão global única de um cliente, uma visão global da cadeia de suprimentos, ou de informações de venda integradas no nível do produto entre sites? Como?

Por fim, considere as perguntas relativas à *agilidade*:

- com que freqüência projetos de negócio com um envolvimento significativo da TI ficam dentro do prazo e do orçamento? Eles trazem benefícios comerciais inesperados? Quais as conseqüências comerciais de falhas ou atrasos nos projetos (em termos de receita, de relação com clientes e fornecedores, de ações regulamentares etc.)?

(continua)

TABELA 1-2 (*continuação*)

Perguntas de nível executivo sobre os 4A

- que grandes mudanças estratégicas (lançamentos de produtos, novas situações geográficas, fusões e aquisições, cortes globais de custos etc.) são previsíveis, e quão bem a TI pode sustentá-las? Que tipos de jogadas estratégicas seriam difíceis de manusear para os sistemas e o pessoal de TI, e qual a probabilidade de que essas mudanças ocorram?

Discussões sobre essas perguntas pela equipe de administração sênior devem procurar antes uma amplitude informada do que a extrema profundidade. Cada executivo de negócio deve adotar sua própria perspectiva como líder de uma importante parte do negócio, mas em seguida comparar respostas com a equipe. As respostas batem? Alguns processos ou unidades têm mais riscos do que outros, ou maior tolerância a certos riscos do que outros? E há inconsistências ou buracos flagrantes que precisam ser resolvidos imediatamente?

O CIO deveria ser parte da conversa, mas essa é fundamentalmente uma conversa de negócio sobre prioridades comerciais, e não uma discussão técnica. O CIO pode orientar a discussão e responder a perguntas quando necessário. Ele pode até mesmo preparar de antemão avaliações iniciais a serem consideradas na reunião. Os executivos de negócio, porém, devem procurar tratar de cada pergunta pessoalmente em termos de sua área de responsabilidade.

No nível dos executivos seniores, basta, no início, definir quais riscos têm maior importância e por quê. Discutir a importância relativa dos riscos e das conseqüências da TI para as metas empresariais proporciona uma direção geral para a tolerância ao risco da empresa em suas unidades, processos e em cada item do 4A, podendo gerar uma lista inicial dos grandes riscos da TI. As informações extraídas dessas discussões são mandadas linha abaixo até os gerentes operacionais, para uma avaliação mais detalhada e a tomada de atitudes.

A Tabela 1-3 oferece uma amostra de perguntas subseqüentes que gerentes operacionais nas áreas de TI e negócios podem usar para avaliar quão bem os sistemas, os funcionários e os processos administrativos da TI condizem com o perfil de risco desejado para a empresa. Não queremos implicar aqui que os gerentes operacionais devam ser estimulados apenas a avaliar e agir com base em riscos e prioridades comunicados pela equipe executiva. Um importante risco de TI pode aparecer em qualquer nível da empresa, e nenhum gerente deve ignorar esses riscos só porque eles não aparecem na lista de prioridades de um executivo sênior. Nosso ponto é simplesmente o de que os gerentes operacionais podem tomar decisões melhores sobre os riscos de TI – e evitar muitas discussões acerca de prioridades – quando sabem quais riscos são considerados mais importantes pela equipe de liderança e por quê. O framework 4A ajuda executivos e gerentes a assegurar que sua compreensão do significado, das conseqüências potenciais e da relativa importância dos riscos de TI seja a mais completa possível e que a orientação para gerentes de níveis inferiores seja ponderada e clara.

TABELA 1-3

Perguntas de nível operacional sobre os 4A

Depois que os executivos responderem às perguntas comerciais de alto nível sobre os 4A (ver Tabela 1-2), os gerentes operacionais (tanto de negócio como de TI) podem examinar quão bem os ativos, os funcionários e os processos de TI se saem nessa direção. Nesse processo, eles identificarão insuficiências que precisam ser corrigidas e prioridades que precisam ser mudadas para que o perfil de risco de TI da empresa possa começar a atender às prioridades dos executivos.

Umas poucas perguntas subseqüentes para os gerentes operacionais em cada categoria incluem as seguintes:

Disponibilidade
- Para os processos e sistemas mais críticos, exatamente quanto tempo podemos operar sem os sistemas antes que conseqüências intoleráveis sobrevenham?
- Qual a possibilidade de ocorrer uma grande ruptura nesses sistemas causada por fatores internos ou externos (como tempo, falta de energia regional, desastre natural, idade, qualidade técnica ou ausência de suporte interno ou do fornecedor)?
- Temos backups, locais de recuperação, alternativas manuais ou outros meios efetivos de reduzir o potencial de perda de disponibilidade nesses sistemas?
- Já há sinais de alerta iniciais presentes em algum processo (como falta de energia freqüente, grande falta de energia recente ou mudanças significativas em fatores externos capazes de causar falhas)?

Acesso
- Há sinais de que as atuais proteções para nossos tipos mais delicados de informação possam ser inadequadas? Houve brechas recentes? Em caso positivo, em que circunstâncias?
- Os funcionários têm acesso a informações suficientes para fazer seu trabalho? Eles têm acesso a mais informações do que precisam?
- Como assegurar que nossos parceiros externos, nossos fornecedores e nossos empreiteiros estejam protegendo o acesso tão bem como gostaríamos que estivessem? Os contratos especificam como as informações de acesso, as identidades dos usuários e as senhas devem ser protegidas?
- Há procedimentos para remover acessos imediatamente quando as parcerias terminam?

Precisão
- Que compromissos entre risco/benefício/custo, para *stakeholders* tanto internos como externos (como gerentes, funcionários, fornecedores, clientes e reguladores), estão envolvidos no fornecimento (ou não) de informações integradas para processos que atualmente carecem dessas informações?

(continua)

TABELA 1-3 (*continuação*)

Perguntas de nível operacional sobre os 4A

- Fora o sistema, quais as maiores fontes de imprecisão ou inconsistência de dados (como habilidades, inserção manual de dados, identificadores pouco práticos, falta de verificação para a inserção de dados etc.)?
- Que mudanças relativamente simples nos controles internos, na automação ou nos procedimentos administrativos poderiam reduzir os problemas de precisão?

Agilidade

- Quão bem a capacidade da organização de TI para a implementação de projetos atende às necessidades de cada unidade comercial? Se há diferenças na visão das unidades, elas se devem a diferentes capacidades de TI, a diferentes organizações de TI sediadas na unidade comercial, a diferentes necessidades ou a alguma outra razão?
- Como o histórico de atendimento pode ser melhorado?
- Que iniciativas são necessárias para reduzir a dificuldade de mudanças estratégicas projetadas?

Decisões sobre quais riscos importam mais, e por quê, são sempre específicas de cada empresa. Pense, por exemplo, no que se considerou o mais grave risco de TI em 2004 pela equipe sênior da Barnardo's, a maior instituição de caridade infantil do Reino Unido: a possibilidade de acesso não autorizado ou de comprometimento das informações sobre os clientes infantis e os doadores da Barnardo's.[6] Esse incidente não seria catastrófico para muitas empresas, mas bem poderia ser para esta aqui. O mau uso de informações sobre clientes ou doadores poderia causar imensos danos à reputação da Barnardo's. Sem uma reputação imaculada, a instituição não tem como arrecadar dinheiro, e sem dinheiro não pode cumprir sua missão de ajudar crianças necessitadas. O maior causador de perda de reputação para a Barnardo's, em termos de TI, é o risco de acesso: a possibilidade de que as pessoas erradas obtenham acesso a informações particulares sobre os clientes ou doadores da instituição. Falhas de disponibilidade, precisão e agilidade poderiam ter conseqüências sérias, mas, diversamente de um incidente que envolvesse o acesso, nenhuma dessas áreas poderia produzir uma falha catastrófica para os negócios, rapidamente e sem aviso.

Usando o Framework 4A para Analisar Acomodações entre Riscos

Analisar riscos pelos termos do framework 4A torna mais fácil alocar investimentos para criar o perfil de risco certo para a empresa. Sem um mecanismo desses, há perigo tanto de se superinvestir como de se subinvestir na gestão de risco. Vejamos uns poucos exemplos.

Exemplo 1: Comprar um Pacote Não-padronizado

Suponha que uma unidade comercial em sua empresa queira comprar certo pacote de software que não se ajuste aos padrões arquitetônicos da tecnologia interna. Há outro pacote disponível que atende aos padrões e, de modo geral, é adequado para o propósito comercial, mas suas características e funções exigirão algumas mudanças em processos e práticas de negócio.

Esse é tradicionalmente um cenário esplêndido para um conflito. Se a discussão versar basicamente sobre a importância de seguir padrões tecnológicos, e se sua empresa for como a maioria, a TI simplesmente sairá perdendo. Se, em vez disso, a discussão procurar pesar diferentes riscos comerciais, a área de negócios pode tomar uma decisão muito mais informada.

Um pacote não-padronizado comporta riscos potenciais em termos de disponibilidade (quem dará suporte? quanto de downtime é aceitável?); acesso (como integrá-los com nossos processos de segurança? o que acontece se não fizermos isso?); de precisão (podemos integrar facilmente os dados que esse sistema produz com nossos sistemas financeiro e de produção?); e de agilidade (isso afetará nossa habilidade para desenvolver processos comerciais padronizados com um robusto suporte dos sistemas? poderemos modificar o sistema facilmente quando nosso modelo comercial mudar?). Cada um deles tem conseqüências comerciais em termos do custo total da propriedade, da observância de regulamentos, das demandas de Wall Street, e assim por diante. Uma vez mais, a área de negócios pode pesar os riscos das mudanças processuais que a alternativa exigirá (o que acontece se tivermos de fazer as coisas de outro modo? as coisas a que teremos de renunciar realmente agregam valor?). A decisão pode acabar sendo a mesma no final, mas, de qualquer modo, as pessoas envolvidas saberão o que estão de fato obtendo – e o que estão de fato pagando.

Exemplo 2: Fundir Sistemas

Uma fusão ou aquisição é uma situação similar numa escala mais ampla e um outro caso em que riscos de TI implícitos são mais bem definidos e discutidos como riscos comerciais explícitos. É caro e trabalhoso converter os sistemas de uma empresa adquirida aos sistemas e processos da adquirente. Dependendo do intuito estratégico por trás da fusão, a plena integração, no entanto, pode oferecer menos riscos de TI e menos conseqüências comerciais a médio ou longo prazo. Integrar e padronizar com base em um conjunto comum de tecnologias e processos reduz os riscos de disponibilidade e acesso, pois a TI fica com um único conjunto de tecnologias para administrar. Os riscos de precisão se reduzem quando números são gerados de maneira comum e integrados automaticamente. Mesmo o risco de agilidade é reduzido a longo prazo, pois a tecnologia padronizada é menos difícil de mudar, os custos são menores, as sinergias baseadas na TI são mais facilmente alcançadas e fica mais fácil fundir ou desmembrar unidades comerciais. Tudo isso explica por que certa fabricante global de peças automobilísticas substitui imediatamente os sistemas das empresas que adquire pela sua própria configuração padrão de ERP, reduzindo ainda mais os riscos de precisão e agilidade simplesmente convertendo ao novo padrão o último grupo numérico (e não o histórico inteiro) dos sistemas da companhia adquirida.

Exemplo 3: Crescimento Rápido *versus* Controle

Companhias em crescimento rápido com freqüência tomam atalhos em seus controles e padrões de TI, no intuito de introduzir novos processos e aplicações o mais rapidamente possível. As pressões do prazo para comercialização requerem que essas firmas lancem rapidamente novas funcionalidades, em detrimento da eficiência, da integração com outros serviços ou do potencial para aproveitamento via reutilização. Para elas, é mais importante aproveitar a próxima oportunidade do que ter ativos de TI eficientes e bem controlados. Em outras palavras, elas têm mais medo de ameaças à agilidade do que de ameaças ao acesso ou à precisão.

Controles e processos administrativos inadequados, no entanto, geram novos riscos com o tempo. Os riscos de acesso aumentam conforme senhas proliferam e sistemas se interligam de maneiras complexas e não documentadas. Os riscos de precisão aumentam porque as informações são definidas de diferentes maneiras em diferentes sistemas. Mesmo o risco de agilidade aumenta, pois as aplicações ficam resistentes à mudança conforme sua complexidade e suas interações aumentam e sua documentação declina. Em certo ponto – usualmente quando a complexidade começa a atrapalhar de maneira visível os negócios –, a firma em crescimento rápido descobre que precisa rever seu ajuste entre a agilidade e os demais riscos.

É exatamente isso o que ocorreu com a Manheim Interactive, a unidade de negócios online da Manheim Auctions, a maior revendedora de veículos do país.[7] Durante os anos de alto crescimento depois de lançar seus serviços online em 1996, o foco da Manheim esteve na velocidade de atendimento e na melhoria de novos serviços. A meta era implementar novas iniciativas de negócio tão rapidamente quanto possível, sem se atolar em processos administrativos formais que poderiam atravancar a agilidade. Em 2000, contudo, os gerentes de TI começaram a se dar conta de que o enfoque na velocidade estava ficando insustentável. O diretor de desenvolvimento de software relembrou: "A habilidade de sempre responder rapidamente acabou virando um problema. Ficamos muito bons em sair correndo para atender logo à demanda, mas isso tem um custo e, no fim das contas, nós dissemos: 'Tudo bem, acabou o pó mágico. Precisamos repensar'".[8] A Manheim formalizou seu processo de desenvolvimento de software, acrescentou uma equipe de garantia da qualidade e definiu responsabilidades claras em cada projeto para os grupos de gestão de produto, desenvolvimento e garantia da qualidade.

Usando os 4A para Resolver Discórdias quanto a Pressupostos Implícitos

Como estes exemplos mostram, não há respostas certas sobre como acomodações entre os riscos de disponibilidade, acesso, precisão e agilidade devem ser feitas; as respostas mudam com o tempo, dependendo das estratégias e das circunstâncias. Os executivos não podem aplicar uma fórmula simples; só podem tomar decisões informadas. O mesmo se pode dizer de toda decisão que um executivo toma a respeito de riscos de mercado, riscos de crédito ou riscos de oportunidade. A chave é o equilíbrio. Ao formular os riscos da TI em termos comerciais, o framework 4A permite que a área de negócios faça acomodações equilibradas entre esses riscos, a exemplo do que ela faz com todos os riscos comerciais. O framework também ajuda os gerentes a chegar ao cerne de discórdias fundadas em pressupostos diferentes sobre os riscos.

O caso da Virtual Services, Inc. (VSI) oferece um exemplo de como uma empresa resolveu um difícil impasse quanto a uma iniciativa de TI ao trazer à tona pressupostos ocultos sobre a importância relativa de cada item dos 4A.[9] Você provavelmente já viu anúncios em postes telefônicos ou em revistas estimulando as pessoas a ganhar dinheiro nas horas livres trabalhando em casa. Uma das empresas por trás desses anúncios é a VSI, uma pequena firma especializada em transcrições médicas. Por meio destes e de outros métodos publicitários, a VSI construiu uma força de trabalho virtual com funcionários em período integral e meio período. Ela treinou esses trabalhadores domésticos para se conectarem ao sistema proprietário da firma, baixarem gravações na voz dos médicos e carregarem as transcrições concluídas. O modelo comercial fazia um uso eficiente do tempo da força de trabalho e dos sistemas da VSI, e os sistemas protegiam a confidencialidade das transcrições. Com seus sistemas de TI e sua bem treinada força de trabalho virtual, a empresa podia garantir confiabilidade, velocidade e altos padrões de sigilo para seus clientes.

O modelo comercial era notavelmente efetivo e eficiente. Ao longo de 6 anos, a firma cresceu até chegar a 3 mil funcionários e US$ 130 milhões em receita. Contudo, por essa altura ela estava às raias de exceder as capacidades de seus sistemas. O CIO propôs um novo sistema baseado em linhas particulares seguras, servidores com acesso remoto e tecnologias proprietárias – tudo isso sendo altamente confiável e virtualmente à prova de erros. O CFO, entretanto, objetou. Ele queria um sistema baseado na Internet. O CIO discordou. A tecnologia era seu braço mais forte, mas ele, de modo algum, ignorava os principais motores comerciais da VSI. Ele sabia que requisitos regulamentares (e a decência básica) obrigavam a firma a proteger a privacidade das informações dos pacientes, e garantir privacidade na Internet era difícil. Além disso, o modelo comercial da firma requeria 100% de uptime em seus sistemas, algo difícil de prometer com a Internet. Os trabalhadores virtuais da empresa não poderiam produzir transcrições quando o sistema estivesse fora do ar, de modo que um sistema que não fosse à prova de erros poderia comprometer os prazos de entrega de transcrições prometidos aos clientes.

Apesar do forte argumento do CIO de que a Internet não poderia garantir nem disponibilidade (uptime) nem controle ao acesso (privacidade), o CFO insistiu em uma solução baseada na Internet. Depois de várias rodadas de discussões mutuamente insatisfatórias, a equipe administrativa percebeu o que os dois executivos estavam realmente discutindo. Era o risco – especificamente, as diferentes tolerâncias do CIO e do CFO a específicas acomodações dos riscos. O CIO acreditava que a empresa e seus clientes tinham uma tolerância zero a lapsos no processo (riscos de disponibilidade) e a violações da privacidade (riscos de acesso) e o CFO estava mais preocupado com as ameaças à agilidade. Duas estratégias em particular – facilitar o trabalho dos funcionários com a firma e contratar transcritores tanto internacionais como nacionais – seriam essenciais para os planos da equipe sênior, e, como o CFO havia percebido, a Internet era essencial para ambos.

Assim que a equipe sênior percebeu que o argumento não tratava de tecnologia, mas, sim, de quais riscos de TI eram mais importantes para a firma, os membros se deram conta de que a decisão técnica era, na verdade, uma decisão comercial, e chegaram rapidamente a um consenso. Reduzir o risco de agilidade vinha primeiro, com os riscos de acesso e disponibilidade logo em seguida. Todas as partes concordaram que uma abordagem baseada na Internet resolveria melhor os riscos de agilidade do que a abordagem proprietária do CIO. Uma redução "boa o bastante" dos riscos de agilidade e acesso poderia ser conseguida acrescentando-se proteções como a criptografia e a redundância a um sistema baseado na Internet; isso tinha um alto custo, mas ficava muito abaixo da economia que se faria com um fácil acesso à mão-de-obra no exterior. Com os riscos mais importantes sendo administrados dentro de um nível aceitável, a equipe seguiu logo em frente e implementou rapidamente o novo sistema.

Neste primeiro capítulo, descrevemos a importância de ver o risco de TI como a possibilidade de que algum evento imprevisto que envolva a TI ameace qualquer um dentre quatro objetivos críticos da empresa: disponibilidade, acesso, precisão e agilidade. Discutimos o modo como este framework – os 4A – muda a natureza da discussão entre o pessoal de TI e o de negócio. Os 4A possibilitam discutir o risco de TI em termos de conseqüências de negócio e ajuda com isso os executivos a se sentir à vontade para fazerem o que fazem bem – tomar decisões diante de riscos comerciais – com relação aos riscos de TI.

Mas esse é apenas o primeiro passo. Fazer acomodações entre os quatro riscos e ter clareza quanto à relativa tolerância da empresa a cada um deles apenas determina o rumo. O passo seguinte é criar a capacidade organizacional para moldar e manter o perfil de risco da empresa. No próximo capítulo, discutiremos as mais importantes ferramentas para construir uma capacidade de gestão de risco de TI bem-sucedida: as três disciplinas centrais da gestão do risco de TI.

Dois

As Três Disciplinas Centrais da Gestão do Risco de TI

IMAGINE QUE você é o CEO (ou CFO ou CIO) de uma grande companhia americana de serviços financeiros. Por 20 anos, a empresa cresceu rapidamente mediante aquisições e pelas atitudes empreendedoras de suas 7 unidades comerciais autônomas. Agora as coisas vêm mudando. Como o crescimento está se tornando mais lento, sua equipe vem transferindo a estratégia de crescimento da linha de produtos para a venda cruzada, a venda ampliada e a globalização. Clientes e parceiros de negócio estão começando a exigir uma abordagem integrada – pedindo que suas unidades comerciais, intensamente independentes, procurem agir como uma equipe unificada. Pior, os auditores estão se tornando um problema: seus auditores externos vêm prestando mais atenção à TI, seus regulares começam a fazer auditorias específicas sobre ela e os auditores de seus parceiros de negócio também começam a auditá-lo.

Essas questões estratégicas estão intimamente ligadas aos riscos de TI. Você tem certeza de que algumas das unidades comerciais (mas nem todas) têm riscos persistentes de disponibilidade e acesso, sobre os quais não lhe falam. O risco de precisão, que está sob controle dentro de cada unidade comercial (ou ao menos é o que lhe dizem), é um problema significativo, agora que clientes e reguladores estão exigindo informações exatas sobre a empresa como um todo. Por exemplo, era difícil certificar os relatórios financeiros para a Sarbanes-Oxley, e relatórios precisos e atualizados de toda a atividade com clientes individuais não chegarão em menos de 1 ano. Além disso, você está tendo problemas para convencer a alta administração de que eles precisam mudar a forma como investem na TI e trabalham com ela. Afinal de contas, os presidentes de cada unidade comercial sentem que ganham bastante agilidade com sua equipe dedicada de TI, e não pretendem ameaçar os resultados de sua própria unidade para melhorar a agilidade de TI da empresa.

Estes são apenas os riscos de TI que você consegue adivinhar. Há com certeza outros que você deveria conhecer, mas não conhece. Você sabe que precisa fazer alguma coisa a respeito do risco de TI – e logo. Mas como começar? Trazendo uma firma de consultoria para reescrever os sistemas? Implementando um forte processo administrativo para identificar e corrigir todos os riscos? Educando seus colegas nas unidades comerciais sobre a importância do risco de TI e esperando que eles transformem suas próprias organizações?

Nossa pesquisa definiu uma abordagem direta que responde a essas perguntas. Nos termos mais simples, os recursos para a gestão do risco de TI dependem de três disciplinas essenciais. As três disciplinas trabalham juntas como um todo coeso para melhorar o perfil de risco da empresa e mantê-lo sob controle. Elas são:

1. Um *alicerce* bem estruturado de ativos de TI – uma base tecnológica instalada com tecnologias de infra-estrutura e aplicações, além de procedimentos e pessoal de suporte, sendo ela bem compreendida, bem administrada e não mais complexa do que o absolutamente necessário.

2. Um *processo de governança do risco* bem projetado e executado, que proporcione uma visão de todos os riscos no nível da empresa, de maneira que os executivos possam priorizar e investir apropriadamente na gestão de risco, permitindo, ao mesmo tempo, que gerentes de níveis inferiores administrem independentemente a maioria dos riscos em suas áreas.

3. Uma *cultura de consciência do risco*, em que todos tenham um conhecimento apropriado dele e em que discussões abertas e tolerantes sobre riscos sejam a norma.[1]

Uma empresa que queira fazer o mais efetivo uso de seus escassos recursos para administrar os riscos de TI precisa ser competente nas três. Entretanto, em qualquer empresa específica, algumas disciplinas são mais fáceis de vender do que outras. Por isso, muitos gerentes de risco escolhem uma disciplina focal como ponto de partida para a gestão de risco, usando-a para apresentar seu argumento em prol da mudança e para melhorar as três disciplinas com o tempo. A escolha da disciplina focal depende das circunstâncias da empresa – incluindo fatores como o porte, a indústria e as capacidades –, e nossa pesquisa demonstra que iniciativas bem-sucedidas de gestão do risco de TI podem começar com qualquer uma das três disciplinas.

As três disciplinas complementam os 4A. Discutir os itens dos 4A determina os rumos para a capacidade de gestão do risco de TI da firma, ao especificar um perfil de risco desejado e acomodações apropriadas entre os riscos. As três disciplinas implementam capacidades que moldam o perfil de risco de TI em consonância com as preferências da empresa quanto a cada item dos 4A. Então, para fechar o nó, as três disciplinas proporcionam informações para novas discussões e decisões em todos os níveis da empresa.

Desenvolver as três disciplinas faz mais do que ajudar a empresa a administrar melhor os riscos de TI. Também dá aos executivos algo que é, com grande freqüência, um luxo num mundo de crescentes ameaças de TI: a confiança. Você passa a ter confiança de que conhece os riscos mais importantes, de que possui um processo efetivo para tomar decisões sobre esses riscos e de que gerentes em toda a organização têm a capacidade de lidar efetivamente com esses riscos. Em nosso estudo, aquelas firmas que tinham mais confiança em suas capacidades de gestão do risco de TI declararam ter maior controle sobre os quatro riscos, mostraram-se significativamente menos propensas a dizer-se inconscientes de riscos importantes de TI e contavam com um relacionamento melhor entre a organização de TI e os executivos de negócio – gastando, enquanto isso, uma mera fração a mais do que as outras firmas na gestão do risco de TI.

A Figura 2-1 retrata as três disciplinas como um triângulo composto de 3 segmentos iguais. As disciplinas são complementares: cada uma lida com diferentes aspectos dos 4A, aprimorando organização, tecnologia, procedimentos e comportamentos. Juntas, elas cobrem todas as bases – melhorando a capacidade de gestão de risco e proporcionando ao pessoal de TI e de negócio um idioma para garantir que os riscos de TI estejam sob controle.

Vejamos cada uma das três disciplinas em maior detalhe.

FIGURA 2-1

As disciplinas centrais da gestão de risco

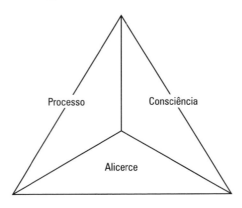

Fonte: © 2007 Centro para Pesquisas sobre Sistemas de Informação da MIT Sloan e Gartner. Adaptado de George Westerman, "Building IT Risk Management Effectiveness" ["Desenvolvendo eficiência para a gestão do risco de TI"], Pasta de Pesquisa IV (2C) (Cambridge, MA: Centro para Pesquisas sobre Sistemas de Informação da MIT Sloan School of Management, março de 2004). Usado com permissão.

O Alicerce

Esta disciplina aborda os 4A em termos de tecnologia e procedimentos, reforçando o *alicerce*, ou seja, o conjunto de ativos, procedimentos e funcionários de TI que sustentam e possibilitam os processos comerciais e a tomada de decisões. Ela inclui:

- infra-estrutura que sustente uma vasta gama de atividades de computação, gestão de informações e comunicação por toda a empresa (isso inclui tecnologias comuns, como redes e computadores, aplicações não-comerciais de processo específico, como e-mail e processadores de texto, e seções de suporte comum, como *help desks* de TI);

- aplicações que apóiem as tarefas e os processos do negócio, como sistemas de relatório financeiro, sistemas da cadeia de suprimentos e mesmo as planilhas e os sistemas de suporte a decisões usados pelos planejadores;

- pessoas com habilidades para administrar o alicerce;

- processos e mecanismos para monitorar, controlar e fazer manutenção, para que esses ativos continuem operando com estabilidade e segurança.

Como dissemos anteriormente, um alicerce de TI sólido tem de ser bem compreendido, bem administrado e não mais complexo do que o necessário. Uma casa construída sobre um alicerce ruim sofre rachaduras, solavancos, arqueamentos e, finalmente, o colapso. Os proprietários devem empregar métodos heróicos para escorar assoalhos pendentes e consertar vazamentos causados pela movimentação da estrutura ao longo do tempo. Organizações construídas sobre um alicerce frágil não são diferentes. Seus proprietários estão constantemente escorando fraquezas e corrigindo vazamentos, em vez de usufruir os benefícios de uma estrutura bem construída.

Um alicerce sólido de TI é resistente a riscos de muitas maneiras:

- *problemas são menos prováveis:* rachaduras e buracos no alicerce são consertados por meio de sólidos processos administrativos. Bugs intermitentes e ocultos, tão comuns em sistemas complexos, são muito menos prováveis;

- *quando problemas e falhas ocorrem, eles são mais rápida e facilmente diagnosticados e reparados:* a menor complexidade torna as causas dos problemas mais aparentes, e o pessoal técnico tem mais chances de saber qual é o problema e como consertá-lo;

- *é mais fácil estimar riscos:* o número de variáveis envolvidas no risco, como as fragilidades e as limitações de tecnologias específicas ou o conhecimento detalhado de configurações específicas, é menor. Processos de monitoramento e controle são mais facilmente configurados para detectar condições de risco;

- *é mais fácil fazer manutenção:* a padronização permite que os técnicos façam *patches* (ou seja, reparos em coisas que nem deveriam quebrar, para começar) e atualizações usando as mesmas peças e procedimentos para todos os componentes, em vez de precisarem entender diferentes procedimentos para cada um deles;

- *é mais fácil mudar:* num alicerce complexo, o pessoal de TI precisa, muitas vezes, mudar vários componentes em muitos locais diferentes e então fazer testes extensivos e complexos para garantir que todas as mudanças funcionem juntas. Num alicerce simplificado, a mudança requer ajustes em menos lugares, e os testes podem ser feitos de maneira bastante direta.

Em suma, um alicerce sólido evita a opacidade, a complexidade, a fragilidade e a falta de atenção que geram riscos de TI na maioria das grandes organizações.

Um Alicerce Fraco Amplifica Todos os Riscos

Um alicerce fraco cria obviamente riscos relativos à disponibilidade e ao acesso. Mas os riscos, muitas vezes, são mais profundos, afetando a companhia e seus clientes com ameaças à precisão e à agilidade. Por exemplo, os sistemas de uma grande companhia de seguros não eram capazes de oferecer informações precisas, completas e atualizadas sobre apólices e solicitações, o que complicava o atendimento ao cliente. Um estudo interno mostrou que a perda de receita decorrente de políticas canceladas equivalia a toda a receita de novos prêmios a cada ano, e incidentes que envolviam o mau atendimento foi o fator precipitante de mais de 80% dos cancelamentos de apólices. A ameaça à lucratividade a longo prazo era ainda maior, uma vez que a típica estrutura de comissão por vendas de seguros faz com que uma apólice seja improfícua durante vários anos. Essencialmente, os riscos de precisão ocasionados por um alicerce fraco e os conseqüentes problemas de atendimento ao cliente forçavam a companhia a trocar negócios atuais lucrativos por negócios novos nada vantajosos – fazendo, na prática, com que ela corresse cada vez mais rápido para ficar mais e mais ultrapassada. O estudo estimulou os executivos a empreender uma grande transformação do alicerce de TI da firma, não apenas como estratégia de controle de riscos, mas como estratégia de crescimento.

Acertar o Alicerce é uma Jornada

O primeiro e mais básico passo para aprimorar a disciplina do alicerce é examiná-lo e implementar controles básicos para garantir que não haja grandes fraquezas à espera de se tornar catástrofes e para implementar processos para a recuperação em caso de falha. O passo seguinte é reduzir a complexidade na infra-estrutura e nas aplicações, que é, em última instância, a maneira mais econômica de reduzir riscos na organização a longo prazo.

É importante entender os termos *infra-estrutura* e *aplicação*: a infra-estrutura de TI é a plataforma que permite às aplicações comerciais operar de modo confiável; ela consiste em plataformas técnicas (como capacidade de processamento, armazenagem, redes, bancos de dados e middleware), pessoas, softwares não-comerciais de processo específico, como e-mail ou planilhas, e serviços de apoio, como o help desk. Aplicações são o software comercial de processo específico que funciona sobre a infra-estrutura.[2]

Embora simplificar a infra-estrutura e as aplicações do alicerce requeira investimentos imediatos, que podem ser substanciais, economias ainda mais substanciais se seguem rapidamente. Em muitos casos, passos iniciais significativos no sentido da simplificação podem ser dados sem afetar dramaticamente os processos de negócio. Isso significa que o impacto da mudança sobre a empresa pode ser minimizado enquanto riscos e custos são reduzidos.

Quase toda empresa pode ter sucesso em simplificar sua infra-estrutura tecnológica, e o argumento financeiro por si só já é persuasivo, como demonstraremos em nossa discussão detalhada sobre a disciplina do alicerce nos capítulos 3 e 4. Simplificar aplicações, entretanto, é muito mais custoso, difícil e incômodo para a organização como um todo. Portanto, tornar a simplificação do alicerce a peça central da gestão do risco de TI normalmente só é factível quando a empresa é capaz de construir (ou reconstruir) do zero todo o seu alicerce de infra-estrutura e aplicações. Isso, claro, é o que as novas empresas fazem, mas o que relativamente poucas empresas estabelecidas com estoques de aplicações legadas já existentes – tecnologias envelhecidas e arriscadas, cujo valor continuado para o negócio faz com que sejam difíceis de abandonar – estão dispostas ou aptas a fazer (o CIO de uma agência do governo definiu um *sistema legado* para nós da seguinte maneira: "É um sistema que, em certo sentido, constitui um estorvo, porém proporciona valor de negócio, de modo que você não pode simplesmente se livrar dele").

Quando as empresas não conseguem partir de uma folha em branco, muitas vezes elas escolhem uma abordagem mais gradual, mudando o alicerce de TI pedaço por pedaço, começando com a infra-estrutura e usando cada nova iniciativa de negócio para simplificar uma parte das aplicações. Dessa maneira, elas gradualmente simplificam, padronizam e reforçam o alicerce.

Em suma, a disciplina do alicerce é a maneira mais econômica de reduzir o risco de TI. Implementar controles e processos de recuperação reduz imediatamente a probabilidade e o impacto do risco no alicerce existente. A simplificação reduz tanto o risco como os custos correntes de manutenção e suporte. Contudo, numa empresa com um substancial inventário preexistente de ativos de TI, a disciplina do alicerce é, das três, a mais difícil, a mais demorada e a que mais exige recursos. Depois do esforço inicial para trazer o alicerce a níveis aceitáveis, firmas com um inventário grande e complexo de aplicações tipicamente decidem fazer com que a consciência ou os processos de gestão, e não o alicerce, sejam o seu foco (para uma visão geral desta disciplina, ver *Um Resumo da Disciplina do Alicerce*).

Um Resumo da Disciplina do Alicerce

O alicerce é o conjunto de ativos, procedimentos e funcionários de TI que sustentam e possibilitam os processos comerciais e a tomada de decisões. Trazer o alicerce a um nível competente – saber o que há nele e garantir que ele seja bem administrado – é essencial para todas as empresas. Muitas delas procuram em seguida tornar seu alicerce excelente, tomando providências para que ele não seja mais complexo do que o necessário.

Benefícios de uma abordagem que enfatize o alicerce:

- a descoberta e o conserto imediato de buracos no alicerce corrigem fraquezas imediatas, proporcionando tempo para fazer outras melhorias de prazo mais longo;
- a simplificação é a abordagem mais econômica para a gestão de risco a longo prazo, pois compensa tanto pela redução de custos como pela redução de riscos;
- a simplificação reduz os quatro riscos de TI e torna as outras duas disciplinas mais fáceis de dominar.

Problemas de uma abordagem que enfatize o alicerce:

- os esforços iniciais para encontrar e consertar buracos podem ser substanciais;
- pode ser difícil e custoso passar da simplificação da infra-estrutura para a simplificação das aplicações;
- a simplificação leva tempo. Na maioria dos casos, ela é feita incrementalmente.

Discutiremos a disciplina do alicerce em detalhes nos capítulos 3 e 4.

O Processo de Governança de Risco

A disciplina de governança do risco de TI aborda os 4A em termos de organização e processo, garantindo que a organização tenha as estruturas e os processos necessários para identificar e administrar riscos sistematicamente. Esta disciplina cria e administra os processos, procedimentos e estruturas organizacionais necessários para:

- definir e manter políticas e normas;
- identificar e priorizar riscos;
- administrar riscos e monitorar suas tendências ao longo do tempo;
- assegurar a observância de políticas e normas para o risco.

O processo de governança do risco é a força que reúne, num todo abrangente, visões de outro modo fragmentárias e locais do risco de TI, permitindo que a empresa defina prioridades efetivamente e aja. Nenhum indivíduo ou grupo centralizado tem uma perspectiva ampla o bastante para compreender e controlar totalmente todos os riscos, mesmo numa organização de porte moderado. Gerentes locais estão mais bem posicionados para entender e administrar riscos em diferentes partes da organização. Todavia, mesmo se esses gerentes estiverem cientes do risco e envolvidos em administrá-lo, sua perspectiva é incompleta, e suas prioridades podem diferir das da empresa como um todo. A organização necessita de mecanismos para que os gerentes locais identifiquem e resolvam riscos *e* de uma visão consolidada do risco que lhe permita priorizar, investir em soluções e monitorar resultados no nível da empresa. O processo de governança do risco é o caminho para ambas as coisas.

A maioria das grandes empresas lidera sua gestão do risco de TI com um ***processo efetivo*** de gestão do risco. Em todas as empresas, é essencial ser competente nessa disciplina, e o quanto antes possível.

Quando a disciplina de governança do risco de TI em uma empresa é ruim, o negócio tem uma visão fragmentária e borrada do risco. Algumas unidades comerciais identificam e administram riscos muito melhor do que outras. Auditorias são um pesadelo recorrente. Surpresas são freqüentes. Nas palavras de um CIO que entrevistamos, "percebo que meu maior risco era o fato de que eu não sabia quais eram meus riscos de TI".

A visão fragmentária do risco que resulta de um processo ruim de gestão comporta perigos significativos:

1. *a plena extensão de um dado risco e sua prioridade em relação a outros riscos não são compreendidas.* A negligência dos riscos mais importantes leva inicialmente a exposições perigosas. Quase todos os gerentes acreditam que seus riscos são os mais importantes na empresa (ou ao menos o dizem) – mas os riscos *de quem* realmente importam mais? Uma ameaça à disponibilidade no caso de sistemas financeiros é tão importante quanto o mesmo risco em sistemas fabris? E quanto aos riscos de acesso, precisão e disponibilidade representados pelo ataque de um vírus de computador, em comparação com o risco da agilidade ultrapassar o período de integração de uma fusão? A menos que a empresa tenha um processo para examinar e comparar todos os riscos de TI, ela pode facilmente se deixar distrair pelo risco mais visível e aparentemente mais urgente, a despeito de ele ser ou não o mais importante;

2. *os gastos e os recursos dedicados ao risco não são bem compreendidos.* A fragmentação oculta o nível de gastos, bem como a extensão do risco. Nossos dados mostram que CIOs tendem a subestimar seriamente – na faixa de 100 a 200% em média – a quantidade de recursos que dedicam à gestão de risco. A mais importante razão para esse erro de cálculo, segundo cremos, é que os gastos na gestão de risco são compartimentados, administrados em múltiplos departamentos, por múltiplos gerentes, em múltiplos orçamentos;

3. *a eficiência dos esforços da gestão de risco não é compreendida.* Quando a supervisão do risco é fragmentária, é difícil saber se os esforços estão produzindo os resultados desejados e onde, como e por que estão tendo sucesso ou fracassando. Muitas das pessoas que entrevistamos para nosso estudo receavam não saber se estavam gastando muito ou pouco na gestão de risco; outras receavam não estar gastando nas coisas certas. Um processo efetivo de governança de risco elimina grande parte dessa incerteza;

4. *alguns riscos são demais para uma única pessoa ou unidade comercial.* Quando alguém encontra um risco imponente e não há ajuda ou suporte disponíveis, sua reação é empurrar o risco para o fundo da mente e não pensar a respeito (esta, em suma, é a razão por que o seguro de vida, segundo a sabedoria convencional da indústria, é vendido, e não comprado). Um processo de governança do risco que administre riscos acima, abaixo e ao longo da cadeia de comando da empresa ajuda a proteger os gerentes individuais de riscos cujos impactos e soluções ficam além de seu escopo pessoal de controle – e de entregarem as pontas na esperança de que a sorte resolverá o problema.

Encontrar o tipo e o equilíbrio certos entre autonomia e controle em um processo de governança de risco exige experimentação em todas as empresas. O ritmo certo é importante. Em algumas empresas, a governança de risco tem a ganhar se começar frouxa e for se enrijecendo, enquanto outras empresas podem usar uma governança rígida como meio de chamar a atenção e reduzir os riscos rapidamente, afrouxando essa governança rigorosa conforme a consciência se ampliar. As três disciplinas de governança de risco requerem recursos, mas os recursos dedicados a um processo de governança do risco parecem particularmente onerosos para muitas empresas – especialmente aquelas que exigem um ROI demonstrável para todas as iniciativas (como nos disse o vice-presidente global de governança de risco de TI em uma grande companhia farmacêutica: "Você não tem como demonstrar que algo nunca aconteceu graças a seu programa de governança do risco de TI"). Organizações historicamente imaturas em seus processos ou culturalmente hostis a visitantes da sede oferecendo ajuda podem rejeitar todo tipo de governança. Sobretudo em empresas menores, os custos gerais associados com um processo de governança do risco parecem envolver muito trabalho e despesa. Dito isso, um processo de governança do risco feito sob medida para as necessidades da empresa é essencial, já que é a única maneira de se ter uma visão plena dos riscos com que a empresa se defronta.

Para uma visão geral desta disciplina, ver **Um Resumo da Disciplina do Processo de Governança do Risco**. Discutiremos esse processo e as considerações para sua implementação em detalhes no capítulo 5.

Um Resumo da Disciplina do Processo de Governança do Risco

A governança do risco é o conjunto de processos, políticas e estruturas que proporcionam uma visão de nível empresarial de todos os riscos, de maneira que os executivos possam priorizar e investir apropriadamente em sua gestão, e que permitem, ao mesmo tempo, que gerentes de nível inferior administrem independentemente a maioria dos riscos em suas áreas.

Benefícios de uma abordagem que enfatize a governança do risco:

- ela assegura que haja uma visão empresarial do risco de TI;
- é a melhor para integrar a governança de risco com a estratégia;
- ela destaca áreas que superinvestem ou subinvestem no risco.

Problemas de uma abordagem que enfatize a governança do risco:

- há um custo geral potencialmente alto;
- se o processo de governança do risco for mal administrado, ele pode dar origem a gargalos e atrasos;
- ela pode parecer só mais uma barreira administrativa a ser saltada (ou evitada).

Discutiremos a disciplina de governança do risco, em detalhes, no capítulo 5.

Uma Cultura de Consciência do Risco

A disciplina de consciência do risco aborda os 4A em termos de responsabilidade pessoal e comportamento. Uma cultura de consciência do risco é aquela que possui:

- profunda *perícia* em aspectos particulares do risco de TI, que é tipicamente possuída e empregada por especialistas;
- uma *consciência geral,* por toda a empresa, da natureza e das conseqüências do comportamento de risco e de como evitá-lo;
- uma *cultura* que estimule explicitamente todos, em todos os níveis da empresa, a discutir o risco abertamente e a assumir a responsabilidade pessoal por administrá-lo.

Independentemente de quão bem estruturado é seu alicerce, nenhuma empresa pode administrar bem o risco, a menos que haja nela pessoas conscientes e dispostas a fazer algo a respeito. Sem uma profunda perícia, proteções básicas em termos técnicos e de procedimento não podem ser implementadas e administradas efetivamente. Sem uma consciência geral, funcionários na empresa como um todo cometem erros facilmente evitáveis com sérias conseqüências. Sem uma cultura que estimule a discussão aberta do risco e uma responsabilidade compartilhada por administrá-lo, condições de risco são removidas das vistas, ou os gerentes se abrigam do risco com todos os meios de que dispõem.

A Tecnologia só Vai até Certo Ponto em Reduzir o Risco

Na companhia química Hoechst/Celanese, cujo caso discutiremos em detalhes no capítulo 6, uma cultura de aversão ao risco levava os gerentes de projeto a pedir (e receber) muito mais dinheiro e tempo do que achavam que seria necessário como proteção contra riscos imprevistos.[3] Os gerentes sempre cumpriam as metas. Sua cultura de aversão ao risco, no entanto, aumentava os riscos de agilidade. A firma não conseguia enfrentar rapidamente senão os desafios mais simples, um problema que se tornou uma questão de sobrevivência quando grandes desafios surgiram na esteira de uma aquisição pela gerência. A nova administração, além de melhorar o alicerce de TI, também assumiu o desafio de transformar a cultura de aversão ao risco numa cultura de consciência do risco.

Ter uma boa consciência do risco *não* é uma questão de ser avesso ao risco. É uma questão de ter conhecimento dos riscos e tomar decisões a seu respeito. Empresas com uma cultura de consciência do risco assumem mais riscos, mas não são mais arriscadas. São apenas mais inteligentes quanto aos riscos que assumirão e quanto a como vão administrá-los.

A Consciência do Risco é Construída a partir do Topo

Uma cultura de consciência do risco exige que as pessoas, por vezes, priorizem os riscos da empresa acima dos seus, que compartilhem informações sobre seus próprios riscos e ajudem os outros a resolver os deles (muitas vezes, sem ganhos pessoais) e que eventualmente assumam riscos grandes e visíveis, que têm alguma chance de fracasso. Esse não é um comportamento normal na maioria das grandes organizações, onde incentivos, políticas e politicagens geralmente favorecem a aversão ao risco em detrimento da consciência inteligente dos riscos.

Somente o envolvimento e o suporte ativos do topo da empresa podem produzir esse tipo de comportamento. Executivos em uma cultura de consciência do risco mostram – mediante suas ações, investimentos e comportamentos – que a governança do risco e a aceitação de riscos calculados são parte da maneira de a empresa fazer negócios. Isso não é fácil. Há que ter determinação e enfoque para fazer perguntas sobre os riscos inerentes a toda nova iniciativa de negócios, para seguir as políticas e regras de governança referentes ao risco mesmo quando isso é difícil ou inconveniente e para fazer do risco um assunto aceitável de discussão e do fracasso ocasional um resultado aceitável (embora não desejável).

A consciência é muitas vezes a disciplina escolhida por empresas menores e ágeis, onde a cultura já estimula a assumir riscos, compartilhar informações e ajudar uns aos outros. Mesmo quando começam com a consciência (como a EquipCo, cuja história contaremos no capítulo 7), as grandes firmas tipicamente transitam com o tempo para uma abordagem que enfoque a governança do risco. Para uma visão geral desta disciplina, ver **Um Resumo da Disciplina de Consciência do Risco**. Nós a discutiremos com mais detalhes no capítulo 6.

Um Resumo da Disciplina de Consciência do Risco

A disciplina de consciência do risco cria uma empresa em que todo mundo, em todos os níveis, está ciente do risco, discute-o e assume a responsabilidade pessoal por administrá-lo. Firmas conscientes do risco são caracterizadas por uma profunda perícia em aspectos particulares do risco de TI, que é tipicamente possuída e empregada por especialistas. Elas também desenvolvem uma consciência generalizada por toda a empresa quanto à natureza e às conseqüências do comportamento arriscado e estimulam uma cultura em que o risco é discutido e administrado abertamente.

Benefícios de uma abordagem que enfatize a consciência:

- consciência é essencial; mesmo o melhor processo pode falhar se for construído em torno de pessoas desinformadas;

Toda empresa necessita das três disciplinas. Um alicerce de TI bem estruturado e bem administrado é inerentemente menos arriscado do que um alicerce mais complexo. Uma cultura de consciência do risco ajuda as pessoas a reconhecer e lidar abertamente com ameaças, comportamentos arriscados e oportunidades de redução do risco. E um processo maduro de governança do risco desenvolve sistematicamente um retrato abrangente dos riscos da empresa, mobilizando os plenos recursos desta para tratar daqueles riscos que excedem os recursos e a autoridade de qualquer gerente individual.

As três disciplinas são necessárias, mas poucas empresas dão igual ênfase a todas elas. Assim que condições perigosas para o alicerce forem corrigidas, a empresa pode se concentrar na disciplina que fizer o máximo de sentido para seu negócio. Com essa disciplina como motor as três podem ser desenvolvidas como uma capacidade estável, coesa e abrangente que lide sistematicamente com as acomodações comerciais implícitas nos 4A.

Nossa pesquisa mostra que a maioria das firmas torna a consciência ou a governança do risco o foco de seus programas, embora haja boas razões para lidar primeiro com o alicerce, como descreveremos no próximo capítulo. Qualquer que seja o enfoque, a meta é embutir a governança de risco no tecido da empresa. A governança de risco é efetiva quando se encontra inserida na maneira de a empresa fazer negócios – nos procedimentos, na tecnologia, na organização e no comportamento.

- a perícia bem dirigida ajuda a organização como um todo a compreender e resolver riscos;
- a cultura de consciência do risco aumenta a disposição de discutir e administrar riscos em equipe, em vez de exigir que os indivíduos administrem totalmente seus próprios riscos.

Problemas com uma abordagem que enfatize a consciência:

- ela exige a atenção visível e o papel de modelo dos executivos do topo; sem seu suporte público, a eficiência é limitada;
- a consciência não pode ser formada meramente pelo treinamento; ela deve estar incorporada na política, nos processos e na cultura;
- as empresas podem não atingir um equilíbrio entre a perícia e a consciência geral.

Discutiremos a disciplina de consciência do risco em detalhes no capítulo 6.

Três

Consertando o Alicerce

Reforçando a Base da Pirâmide

Os executivos da fabricante de semicondutores ChipCo têm uma visão em tempo real da situação dos pedidos e dos níveis dos estoques e uma visão única integrada de dados financeiros, pedidos e fábricas em todo o mundo.[1] A empresa consegue fazer um balanço financeiro trimestral em apenas 2 dias. Os clientes podem ver a situação de seus pedidos em tempo real num site seguro. O vice-presidente da cadeia de suprimentos pode transferir flexivelmente a produção através das unidades de fabricação, conforme a necessidade.

Poucas empresas têm capacidades equiparáveis. A maioria delas, diversamente da ChipCo, não constrói seus principais processos comerciais sobre uma base padronizada e simplificada de infra-estrutura e aplicações. Ao estruturar seu alicerce de TI para ser o mais simples possível desde o início, a ChipCo obteve valor de negócio ao mesmo tempo que reduziu os custos e o risco de TI.

Doze anos atrás, quando a ChipCo tinha apenas 1/4 de seu porte atual, o CIO e sua equipe implementaram um pacote único de ERP na empresa como um todo. Eles construíram uma infra-estrutura segura, confiável e padronizada para hospedá-lo e apoiaram a infra-estrutura com um pessoal qualificado de TI. Integraram o pacote com os sistemas padronizados de fabricação da ChipCo em cada unidade de produção, ou "fábricas". Ao longo dos últimos 10 anos, conforme a empresa quadruplicava seu porte, esse enfoque em tecnologias simplificadas e padronizadas refreou os custos com TI mesmo enquanto a equipe de TI prestava uma série de serviços de alta qualidade, incluindo um site seguro para os clientes e uma cadeira de suprimentos global integrada.

O alicerce de TI de baixo risco da ChipCo inclui:

- uma infra-estrutura padronizada para processamento e comunicações no mundo todo;

- uma única presença global de ERP ligada a um conjunto de sistemas fabris padronizados nas fábricas (outras aplicações – inclusive e-business – são bem integradas à espinha dorsal global do ERP);

- acesso global a projetos (sujeito a controle de acesso) para engenheiros de qualquer um dos escritórios de projeto da firma;

- pessoal de TI que conhece os sistemas e sabe como eles suportam os processos comerciais;

- administração da continuidade dos negócios, atualizada e testada com freqüência;

- controles para manter o perímetro de segurança protegido e limitar o acesso autorizado dentro do perímetro;

- controles para garantir que o alicerce é seguro e que complexidade e riscos desnecessários não se misturem.

A gestão rigorosa do alicerce da ChipCo reduz os riscos de todos os itens dos 4A. Os riscos de disponibilidade e acesso são reduzidos porque o alicerce é bem projetado e não mais complexo do que o necessário. Os riscos de precisão são baixos porque o sistema único global elimina conflitos e redundância nos dados básicos. E o risco de agilidade é baixo porque, para o tipo de agilidade de que a ChipCo necessita (lançar novos produtos, melhorar o atendimento aos clientes e mudar seu acervo de produtos, sem se envolver em grandes fusões e aquisições ou em diversificação não relacionada), seu bem estruturado alicerce pode ser facilmente ampliado.

A maioria das empresas não tem a vantagem de um alicerce de TI construído desde o início para o baixo risco. Alicerces de TI são, muitas vezes, cheios de complexidade: muitos tipos diferentes de hardware, muitas aplicações integradas de maneiras imprevisíveis (se é que o são) e tecnologia tão antiga que poucas pessoas entendem o que há dentro delas. Esse tipo de situação – o legado de anos de administração de TI concentrada em atender a solicitações particulares dos negócios, sem governar com uma visão geral do risco – gera riscos para a empresa. Na maioria das firmas, sustentar o alicerce é um desafio longo e complexo, mas, em última instância, gratificante em termos de retorno financeiro, desempenho comercial e baixo risco de TI (para saber o que torna um alicerce efetivo, ver *O que é um Alicerce Sólido de TI?*).

Conserte o Alicerce — Vale a Pena

Nossa pesquisa revela que firmas com um alicerce simplificado e bem administrado têm, em termos estatísticos, um número significativamente menor de riscos de TI em *todos* os itens dos 4A. Mais que isso, consertar o alicerce oferece benefícios financeiros imediatos ao mesmo tempo que reduz o risco. Ao aprimorar as operações e a estrutura da firma e o conhecimento que os funcionários têm da infra-estrutura e das aplicações, o conserto do alicerce produz um ambiente de TI menos custoso, menos complexo, mais robusto e menos sujeito a erros ou falhas.

Quão menos custoso? A típica organização de TI gasta entre 20 e 50% (por vezes até 70%) de seu orçamento só na infra-estrutura.[2] A simplificação reduz essa estrutura seguramente em 10 a 35%, ou numa faixa de 2% a mais de 17% do orçamento total de TI.[3] O programa de simplificação da infra-estrutura da DuPont, ainda em andamento, já reduziu os custos correntes de suas operações de TI em dezenas de milhões de dólares *por ano*.[4] A Novartis conseguiu economizar mais de US$ 225 milhões ao longo de 4 anos ao consolidar e padronizar a infra-estrutura, com pouca ou nenhuma perturbação para os negócios.[5]

Para dizer de forma brusca, dadas as compensações financeiras, operacionais e de redução de risco, poucas empresas podem se dar ao luxo de *não* simplificar o alicerce. Como pode uma empresa consertar um alicerce complexo e rangente sem perturbar completamente os negócios? A resposta é consertar as coisas na ordem

O que é um Alicerce Sólido de TI?

Um alicerce de TI sólido e de baixo risco consiste em um conjunto bem estruturado de tecnologias e aplicações que seja bem administrado e tenha suficientes controles e suportes instalados para permanecer robusto. Ele possui as seguintes propriedades:

- uma infra-estrutura padronizada que utilize o número necessário de diferentes configurações tecnológicas, e não mais do que isso;
- uma base de aplicações bem integrada, que não seja mais complexa do que o absolutamente necessário;
- estruturas de dados documentadas e definições de processo consistentes por toda a empresa;
- acesso controlado a dados e aplicações, com mecanismos embutidos para evitar ações não autorizadas e detectar anomalias;
- pessoal de apoio que saiba o que existe em cada aplicação e como cada tecnologia suporta cada processo comercial;
- processos de manutenção que mantenham a tecnologia atualizada, com os necessários *patches* de segurança e atualizações, e que proporcionem proteção adequada no caso de falha tecnológica.

certa – a ordem que ofereça o máximo de aproveitamento para o investimento de recursos, pessoal e atenção administrativa. Essa ordem é da base para o topo da pirâmide dos riscos de TI.

Comece na Base da Pirâmide de Risco de TI e Suba

Nossa análise dos dados da pesquisa mostra que fatores de risco relacionados a disponibilidade, acesso, precisão e agilidade formam uma hierarquia, a que chamamos "pirâmide do risco de TI" (ver Figura 3-1).[6]

FIGURA 3-1

A pirâmide do risco de TI

A análise de 134 pesquisas mostra que os fatores de risco para um dado risco empresarial de TI (um dado nível da pirâmide) têm uma correlação estatisticamente significativa com o nível não apenas daquele risco, mas também de um ou mais riscos acima na pirâmide.

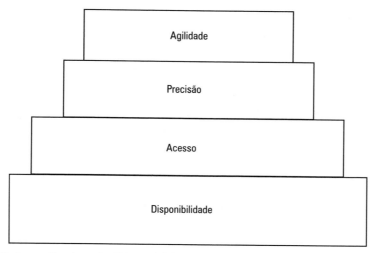

Fonte: © 2007 Centro para Pesquisas sobre Sistemas de Informação da MIT Sloan e Gartner, Inc. Adaptado de George Westerman, "The IT Risk Pyramid: Where to Start with Risk Management" ("A pirâmide do risco de TI: por onde começar a gestão de risco"), Pasta de Pesquisa V (1D) (Cambridge, MA: Centro para Pesquisas sobre Sistemas de Informação da MIT Sloan School of Management, março de 2005). Usado com permissão.

A importância da pirâmide está no fato de que cada elemento de uma dada camada influencia não apenas os riscos naquele nível, mas também os riscos nas camadas superiores. Por exemplo, o fator de risco de disponibilidade de uma infra-estrutura complexa e não-padronizada afeta tudo na hierarquia da pirâmide, da base para cima:

- o risco de *disponibilidade* aumenta porque ter muitos tipos diferentes de tecnologia torna mais difícil garantir que todos os ativos tecnológicos sejam devidamente mantidos e que a empresa possui as ferramentas e habilidades para consertar aquilo que apresenta falhas;

- o risco de *acesso* aumenta porque é difícil administrar os controles de acesso em uma multidão de plataformas integradas de maneiras imprecisas ou assegurar que todas as diferentes configurações estejam atualizadas com os *patches* para software;

- o risco de *precisão* aumenta devido à dificuldade de integrar manualmente informações entre sistemas díspares. Pode ser difícil até mesmo escrever links de integração automática ao conectar tecnologias diversas ou traduzir diferentes definições e versões do que constitui essencialmente a mesma informação. Por exemplo, fazer a consolidação entre dois sistemas que reconhecem uma "venda" de diferentes maneiras pode ser muito complexo ou mesmo impossível;

- por fim, o risco de *agilidade* aumenta. Os sistemas são difíceis de serem ampliados ou convertidos, e é difícil entender como uma mudança em um deles pode afetar os outros. Qualquer mudança comercial exige a investigação e a mudança de sistemas múltiplos, seguidas por testes extensivos e retrabalho para dar conta de problemas inesperados. O resultado são restrições para os modelos comerciais e as opções estratégicas.

A Figura 3-2 mostra os principais fatores de risco de TI alinhados com suas camadas na pirâmide.

FIGURA 3-2

Principais fatores de risco de TI e a pirâmide do risco de TI

A análise de 134 pesquisas mostra que os fatores de um dado risco empresarial de TI (um dado nível da pirâmide) têm uma correlação estatisticamente significativa com o nível não apenas daquele risco, mas também de um ou mais riscos acima na pirâmide.

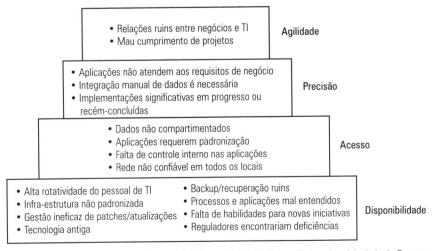

Fonte: © 2007 Centro para Pesquisas sobre Sistemas de Informação da MIT Sloan e Gartner, Inc. Adaptado de George Westerman, "The IT Risk Pyramid: Where to Start with Risk Management" ("A pirâmide do risco de TI: por onde começar a gestão de risco"), Pasta de Pesquisa V (1D) (Cambridge, MA: Centro para Pesquisas sobre Sistemas de Informação da MIT Sloan School of Management, março de 2005). Usado com permissão.

Lidar com as camadas do risco a partir da base é a abordagem de maior aproveitamento para a redução do risco de TI. É também o caminho mais fácil em termos de impacto organizacional. Em todos os aspectos, as questões organizacionais associadas à gestão do risco de TI são mais fáceis de administrar na base da pirâmide de risco:

- é mais fácil justificar o ROI ("Retorno sobre Investimentos") para a redução de risco nas camadas inferiores, em que os riscos se encontram todos no lado das perdas, que são mais facilmente quantificáveis, do que nas camadas superiores, em que os riscos estão todos no lado menos quantificável dos ganhos;

- as compensações em dinheiro na base ocorrem imediatamente; as compensações no topo podem levar anos;

- os riscos e as dificuldades organizacionais envolvidos na mudança em si são muito maiores no topo da pirâmide do que na base. A mudança no topo envolve uma seção cruzada maior da empresa e afeta os processos comerciais mais profundamente;

- a organização de TI tem um controle quase total sobre os fatores de risco na base, o que torna as decisões e resoluções mais simples e mais concentradas, ao passo que reduzir riscos no topo envolve fatores de risco que ficam muito além do alcance da organização de TI;

- riscos das camadas superiores não podem ser totalmente resolvidos até que a base da pirâmide esteja sob controle. Soluções provisórias devem ser muitas vezes revistas mais tarde para reduzir a complexidade e aumentar a precisão ou a agilidade.

Além de ser a abordagem de maior aproveitamento para a redução do risco de TI, lidar com os fatores de risco e com as camadas a partir da base é mais organizacional e politicamente factível. Na prática, se você quiser renovar sua casa, conserte primeiro as rachaduras no alicerce.

Siga o Processo em Três Passos para Consertar a Base

No restante deste capítulo, nós descrevemos um programa para trazer a base da pirâmide a um nível competente. Isso envolve três passos:

1. primeiro, lide com os riscos de disponibilidade administrando a continuidade dos negócios, para assegurar que a organização conseguirá se reerguer e pôr-se em marcha rapidamente caso um grande incidente ocorra;
2. ao mesmo tempo, identifique e tape buracos no alicerce, usando auditorias de TI e o conhecimento da equipe de TI como guias, para cuidar, assim, dos riscos de disponibilidade e acesso;
3. em seguida, implemente controles básicos de TI e as melhores práticas da indústria para monitorar o status da base e evitar futuros buracos no alicerce.

Assim que sua organização concluir esses três passos, você pode iniciar a tarefa de longo prazo de simplificar o alicerce, como descreveremos no capítulo 4. Claro, cada um desses passos mereceria tratamento num livro à parte, transcendendo em muito o escopo desta discussão. Examinaremos cada elemento do processo de melhoria brevemente neste capítulo. Os peritos em cada uma dessas áreas são muitos e estão prontos para ajudar com implementações detalhadas.

Construa e Teste um Plano de Continuidade dos Negócios

A gestão da continuidade dos negócios (GCN) consiste em compreender e reduzir o potencial de eventos catastróficos para afetar processos comerciais essenciais. É uma parte fundamental da gestão do risco de disponibilidade – a base da pirâmide do risco de TI. Outros passos para melhorar o alicerce reduzem a probabilidade de problemas de disponibilidade, mas a GCN consiste em administrar o impacto de eventos perigosos, por mais improváveis que sejam.

A GCN é um motor possante impelindo um trem notavelmente longo. Ela expõe fraquezas e riscos importantes na base da pirâmide do risco de TI, mitiga alguns dos riscos mais imediatamente sérios que a empresa pode enfrentar e lança as fundações para a gestão de risco a longo prazo em todas as camadas da pirâmide do risco de TI, melhorando a gestão de todos os itens dos 4A. Além disso, ela muda a forma como os funcionários de negócios e de TI trabalham juntos para administrar crises, ajuda estes últimos a compreender as acomodações e as conseqüências comerciais do risco de TI e contribui para que os executivos compreendam o valor de negócio sustentado pela TI e seu próprio papel em assegurar que esse valor seja obtido. Finalmente, a GCN gera importantes benefícios além da recuperação de crises. Um exemplo notável foi a pronta recuperação do Wal-Mart e do Home Depot após o Furacão Katrina em 2005, o que gerou benefícios enormes, inclusive boa-vontade e lealdade excepcionais, para as empresas, seus funcionários, outros **stakeholders** e suas comunidades.[7]

Muitas empresas ainda não instalaram uma GCN efetiva. Em meados de 2005, somente 25% da **Fortune 500** tinha um plano de continuidade dos negócios de âmbito empresarial, e menos de 50% da **Fortune 2000** havia testado seus planos de recuperação de desastres – um plano mais limitado para recuperar apenas os sistemas de TI – nos 12 meses precedentes.[8] Quando o desastre chega, a maioria das empresas está inadequadamente preparada. E os incidentes descritos na introdução não devem deixar dúvidas de que desastres chegam com mais freqüência do que as empresas gostariam, e independentemente de elas estarem prontas ou não.

A maioria das empresas gasta cerca de 2% de seu orçamento de TI – ou 6/10 de 1% da receita, em média – na GCN.[9] Como uma regra geral rudimentar, se a empresa não tiver um plano de continuidade dos negócios atualizado e de âmbito geral, ou se o plano não houver passado em testes nos últimos 12 meses, então mais atenção e recursos devem ser dedicados à GCN. Enfatizamos que a atenção, especialmente dos executivos de negócio, é o que mais importa. O pessoal de TI fará o melhor para identificar os processos comerciais e sistemas de apoio de TI com máxima prioridade para a recuperação, mas, sem a ajuda da área de negócios eles podem se enganar. Além disso, o pessoal de TI administra apenas recursos tecnológicos, que estão longe de constituir todos os recursos necessários para recuperar um processo comercial.

O quadro **Passos Essenciais para uma Efetiva Gestão da Continuidade dos Negócios** descreve como criar um programa efetivo de GCN. As seções a seguir proporcionam mais detalhes.

Passos Essenciais para uma Efetiva Gestão da Continuidade dos Negócios

1. Entender os ativos de TI e os riscos de disponibilidade:
   - realizar uma análise do impacto comercial e usá-la para priorizar gastos nos processos comerciais mais críticos;
   - desenvolver um inventário de ativos de TI e negócios e vinculá-lo aos processos comerciais.

2. Criar um plano.
   - desenvolver um plano, uma equipe e um processo para a gestão de incidentes. Documentar os métodos e os canais de comunicação preferidos no plano de resposta a incidentes;
   - estabelecer uma classificação de níveis de serviço e um esquema de testes (por exemplo, serviços de nível ouro, prata e bronze) para a disponibilidade e a continuidade dos negócios;
   - desenvolver planos de contingência para cenários expandidos, como eventos regionais, e planos para mitigar o risco de eventos externos.

3. Implementar e testar o plano:
   - embutir a continuidade dos negócios nos ciclos de vida dos projetos de TI e negócios para assegurar a recuperação de equipes, tecnologias, instalações e processos comerciais;
   - definir arquiteturas padronizadas e repetíveis de desenvolvimento, infra-estrutura e operações, para atender aos níveis de serviço exigidos;
   - criar um sistema de notificação dos funcionários, no caso de grandes eventos, e treiná-los;
   - testar pelo menos uma vez por ano. Se testes abrangentes não forem possíveis, fazer testes de passagem e garantir que dependências externas sejam levadas em conta.

Fonte: pesquisa da Gartner, Inc.

Usando a Análise de Impacto nos Negócios para Definir Prioridades e Cronogramas para a Recuperação

A mais efetiva maneira de priorizar eventos de baixa probabilidade, como falhas de processo, é comparar o impacto de cada incidente potencial. Assim, o primeiro passo na GCN é realizar uma análise de impacto nos negócios (AIN). A AIN leva a discussão da administração sênior sobre a tolerância aos riscos de disponibilidade (como descritos no capítulo 1) a um nível mais detalhado, incluindo a avaliação de como falhas em processos comerciais específicos afetarão os negócios com o passar do tempo, hora a hora e dia a dia, e as circunstâncias em que os processos podem falhar.

Uma divisão de uma companhia de serviços financeiros de porte médio descobriu, em sua primeira AIN, que uma falha em um de seus processos de atendimento ao cliente custaria US$ 6 milhões nas primeiras 24 horas – e se a recuperação não estivesse concluída ao término da primeira semana, a divisão fecharia as portas (perdas nessa escala são menores para muitas empresas; para uma prestadora de serviços de cartão de crédito que entrevistamos no Brasil, perdas de milhões de dólares ocorreriam dentro dos primeiros *30 minutos* em caso de queda nas redes dos pontos de venda). A AIN pode identificar os processos de mais alto impacto para que estes recebam atenção prioritária.

Depois de realizada a AIN, um mapeamento da tecnologia e dos ativos de negócio relacionados aos processos comerciais gera um inventário das instalações e dos equipamentos que precisam ser recuperados ou substituídos em caso de falha nesses processos. O inventário tecnológico ajuda os gerentes de TI a priorizar equipamentos, aplicações e redes, mas essa não é a única parte do problema da recuperação. Adquirir ativos comerciais é, em geral, mais difícil, exige mais tempo e custa mais caro durante uma catástrofe do que adquirir equipamentos de computação substitutos. Um estudo da Gartner sobre empresas na cidade de Nova York que estiveram diretamente envolvidas nos ataques de 11 de setembro revelou que a maioria recuperou seus ativos de computação rapidamente, mas obter espaço para os escritórios foi um problema recorrente. As torres do World Trade Center e os edifícios nas proximidades continham uma área de escritório similar a todo o inventário de Atlanta, e algumas empresas tiveram de se mudar várias vezes antes de encontrarem instalações permanentes.[10]

Crie um Plano

O AIN ajuda a priorizar a recuperação de cada processo comercial no caso de falhas. Estando tudo o mais constante (incluindo dependências processuais, a extensão do dano e outros fatores), os processos de mais alto impacto devem ser recuperados primeiro. Para facilitar o processo de priorização – especialmente em cenários que envolvem a falha simultânea de múltiplos processos, como a destruição ou indisponibilidade de todo um campus –, muitas empresas classificam em grupos os processos com impactos similares. A Tabela 3-1 mostra um esquema de classificação, desenvolvido pelos pesquisadores Roberta Witty e Tom Wagner, da Gartner, que descreve os níveis de serviço exigidos para diferentes tipos de aplicação, com base no propósito comercial e na indispensabilidade. Aplicar cronogramas e processos padronizados para a recuperação em cada classe assegura que os recursos fluirão para o local onde primeiro são necessários numa crise.

TABELA 3-1

Exemplo de níveis de classificação dos serviços

	Negócios	Nível de serviço	Recomendações
Classe 1	Defrontar-se com sócios ou clientes	Escala 24 × 7 99,9%	Um "jogo de guerra" anual (simulação anual não anunciada e em plena escala de desastre ou cenário de ataque) Testes plenos a cada 6 meses depois disso
Classe 2	Geração menos crítica de receita	24 × 6 + 18 horas (6 horas reservadas para a manutenção) 99,5%	Testes de "desktop" a cada 6 meses e testes plenos a cada ano depois disso
Classe 3	Funções dos escritórios da empresa	Escala 18 × 7 99%	Testes de "desktop" a cada 6 meses e testes plenos a cada ano depois disso
Classe 4	Funções departamentais	24 × 6 + 12 horas (12 horas reservadas para manutenção) 98%	Testes de "desktop" a cada 6 meses e testes plenos a cada ano depois disso

Fonte: © 2006 Gartner, Inc. Adaptado de Roberta Witty e Tom Wagner, "Business Continuity Management Today: From Hurricanes to Blackouts to Terrorism" ("A gestão da continuidade dos negócios hoje: dos furacões aos blecautes ao terrorismo"), documento apresentado durante o Gartner IT Security Summit, de 5 a 7 de junho de 2006.

A AIN e as classificações dos serviços esclarecem a seqüência da recuperação, mas não o processo de recuperação em si. Cada processo comercial precisa de um plano de gestão de incidentes que defina claramente o processo de recuperação, incluindo responsabilidades, condições e mecanismos para:

- iniciar uma resposta a incidentes;
- reunir a equipe e realizar uma avaliação inicial da situação;
- transmitir notificações e passar a supervisão a níveis superiores da empresa;
- administrar comunicados e a resolução de incidentes;
- encerrar oficialmente um incidente.

Catástrofes regionais são relativamente raras, mas, quando elas ocorrem, a empresa pode se ver competindo por recursos escassos com todas as outras empresas da região. A maioria das empresas estabelece seus centros de backup de dados longe o bastante do centro primário para se resguardarem de um único incidente catastrófico. Empresas muito bem preparadas vão um passo além disso e fazem planos para a infra-estrutura essencial – incluindo transporte, suprimentos, comunicação e eletricidade – de que necessitarão após um desastre regional, até que possam se mudar para fora da zona de desastre.

Empresas menores, em particular, podem carecer dos recursos para compensar a perda de serviços básicos durante um desastre regional.[11] Uma companhia de seguros no sul dos Estados Unidos tem bons motivos para investir na recuperação de desastres: sua região é freqüentemente atingida por furacões, e ela não tem como se distanciar de sua principal clientela. Outras empresas, entretanto, podem achar difícil apresentar um bom argumento comercial em prol de recursos para a plena recuperação de desastres em áreas menos sujeitas a eles. Qualquer que seja a escala, alguma preparação nesse sentido é melhor do que nenhuma. A maioria dos incidentes de GCN não são desastres regionais, mas planejar para esses eventos menores é igualmente importante, e a prática adquirida com eles será útil caso um desastre de maior escala ocorra de fato. Na esteira dos ataques de 11 de setembro, as empresas que haviam criado e praticado planos de continuidade dos negócios conseguiram recuperar rapidamente suas operações, muito embora o escopo daquele evento excedesse o de seus planos em muitas ordens de magnitude.[12]

Além de planejar para reduzir o impacto de um incidente, planejar para reduzir vulnerabilidades em processos específicos é uma atividade à parte. Ela pode incluir mudanças comerciais, técnicas ou ambas, dependendo do processo comercial afetado. Por exemplo, os gerentes de uma fabricante de peças para veículos da primeira camada podem decidir que tolerariam um máximo de 1 hora de downtime nos sistemas fabris antes que a linha de produção de um cliente fosse afetada. Qualquer período acima de 1 hora paralisaria a linha, levando inaceitavelmente a multas altas e à perda da boa vontade, mas reduzir a parada para menos de 1 hora produziria custos mais elevados do que quaisquer prejuízos que a empresa pudesse sofrer por outros meios. Retrocedendo, os gerentes podem fazer uma combinação de ajustes para reduzir o risco, como proteger os ativos de TI de maneira que uma queda seja improvável, assegurando que um sistema de backup esteja disponível em até 30 minutos após a queda e ajustando os estoques de produtos finalizados para proporcionar meia hora de cobertura em caso de queda. Uma análise similar dos processos da cadeia de suprimentos pode levar os gerentes a se concentrar em mudanças como o desenvolvimento de requisitos contratuais mais rígidos com os fornecedores, a redução da dependência de fornecedores particulares (ou seja, a diversificação do risco) e a exigência de que os fornecedores mantenham maiores estoques locais do que um processo mais enxuto permitiria.

Implementar e Testar o Plano

A maioria das empresas faz treinamentos contra incêndios a intervalos regulares, mas testa seus planos de continuidade infreqüentemente, se é que os testa. Testes abrangentes são melhores do que testes de passagem (ou de "desktop"), mas fazer testes de passagem é melhor do que não testar. Os músculos desenvolvidos graças aos treinamentos e testes são muitas vezes surpreendentemente fortes e flexíveis. Ninguém na Tata Consultancy Services em Mumbai, na Índia, jamais sonhou que um desastre local fecharia duas unidades distintas da empresa ao mesmo tempo. Quando exatamente isso ocorreu, durante enchentes severas em julho de 2005, uma bem treinada equipe de resposta a incidentes da Tata soube como e em que ordem contatar e coordenar recursos e esforços dos principais executivos da empresa, tendo sido capaz de improvisar métodos para retomar rapidamente as operações de seus clientes fundamentais de terceirização.[13] A equipe da Tata encomendou equipamentos que excediam seus níveis normais de autorização, ajustou na hora os papéis dos funcionários e trabalhou junto aos clientes para desenvolver rapidamente alternativas de atendimento. Os membros da equipe sabiam o que precisavam realizar e sabiam que a administração os apoiaria. A experiência adquirida com testes e treinamentos foi a fonte dessa confiança.

Desenvolver e testar um plano de continuidade é uma trabalheira para empresas grandes e pequenas. Mas a GCN lida diretamente com riscos cuja gravidade, de outro modo, poderia ser totalmente catastrófica. E, ao lidar com os riscos de disponibilidade — a base da pirâmide de riscos de TI —, ela colhe benefícios além da prevenção de catástrofes. Por exemplo, em nossa pesquisa, as empresas que criaram e testaram planos de continuidade dos negócios declararam ter níveis significativamente menores, em termos estatísticos, de risco de agilidade, e com isso extraíam um valor extra de seus investimentos em GCN.

Começar com a GCN é um primeiro passo lógico para melhorar o alicerce — isso reduz o impacto dos incidentes de risco ao mesmo tempo que gera valor de negócio adicional. Todavia, as empresas precisam, ao mesmo tempo, tomar atitudes para reduzir a probabilidade de incidentes, identificando e tapando buracos no alicerce.

Localizar e Tapar Buracos no Dique

Todos conhecemos a estória do bravo menino holandês (o "herói de Haarlem") que usou o dedo para tapar um buraco no dique que protegia sua cidade até que chegasse ajuda. Essa ação simples e oportuna evitou que o dique viesse abaixo e salvou a cidade. Muito mais trabalho foi necessário para reparar o dique, mas se o menino holandês não houvesse implementado rapidamente essa solução provisória, não teria restado nada para consertar nem cidade para salvar.

Muitos alicerces de TI estão cheios de buracos menores que podem não parecer muito importantes, especialmente para pessoas tão habituadas a eles que já não os consideram problemas. Com o tempo, esses pequenos vazamentos, como a gestão descuidada do acesso a sistemas e dados ou mudanças descontroladas e não documentadas em aplicações, solapam o alicerce. Basta uma balançada forte e toda a estrutura vem abaixo. Um exemplo relevante é o maior caso registrado de roubo de identidade antes de 2004. Esse crime foi cometido por um funcionário de uma pequena companhia de serviços financeiros que se aproveitou de brechas nos procedimentos de gestão de acesso da empresa para roubar 30 mil registros de crédito completos dos bancos de dados da Experian Corporation ao longo de um período de 3 anos.[14] Uma pequena brecha nos procedimentos tornou-se um grande problema quando um funcionário corrupto percebeu a oportunidade e aproveitou-a.

Feche o Vazamento

O mais importante fator para tapar brechas é a atenção administrativa, e essa atenção representa custos e esforços adicionais, especialmente se for algo novo para a empresa. O custo potencial da falta de atenção é muito maior do que os custos correntes de uma execução resoluta. Uma empresa com pelo menos 100 mil clientes a proteger poderia gastar até 16 dólares por cliente no primeiro ano em proteções como criptografia de dados, prevenção contra intrusões e fortes auditorias de segurança, com o custo por cliente declinando proporcionalmente conforme o número de clientes atingisse os milhões.[15] Isso pode não parecer barato, mas os custos tipicamente excederão os 90 dólares por cliente se os dados da conta forem "quebrados", e uma lei atualmente em trâmite no Congresso dos EUA, a qual prevê multas mínimas para violações de privacidade, pode elevar esses custos para níveis catastróficos – até US$ 11.000 por cliente exposto.[16] Claramente, a prevenção é menos custosa do que a recuperação após o fato.

O primeiro passo para tapar buracos é encontrá-los, e um importante meio para isso é uma auditoria de TI interna ou externa, que logo descreveremos com mais detalhes. No entanto, mesmo antes que a auditoria de TI esteja em curso, a empresa pode vistoriar seu passado recente e entrevistar gerentes de negócios e de TI em busca de sinais de alerta: incidentes cujas conseqüências poderiam ter sido graves, não fossem a sorte e as circunstâncias. A inadvertida venda, pela ChoicePoint, de mais de 150 mil registros pessoais para ladrões de dados em fevereiro de 2005, por exemplo, foi pressagiada por um incidente similar, mas menos notório, em 2002.[17] Na época do segundo incidente, a Califórnia havia aprovado uma lei (Projeto Estadual 1386) exigindo a notificação imediata dos californianos cujas informações pessoais não criptografadas tinham sido sujeitas ao acesso não autorizado, e a ChoicePoint não teve escolha senão revelar o roubo publicamente.

Em outras palavras, se sua empresa recentemente se esquivou de um tiro, é prudente verificar o estado de seu colete à prova de balas. Não é má idéia ficar atento também aos tiros disparados contra outras empresas. A diretora de riscos de uma grande indústria farmacêutica inicia todo pedido de verbas com uma lista de recentes incidentes de risco de TI de alto perfil ocorridos em outras firmas. Isso ajuda a lembrar seus chefes de que a gestão de risco é um investimento relativamente pequeno que evita males muito maiores. Salvaguardas básicas comuns incluem:

- assegurar que sua organização conheça toda a infra-estrutura que possui, compreenda os processos comerciais que cada parte da tecnologia sustenta e saiba como restaurar os serviços caso a tecnologia falhe (esses são, é claro, elementos da GCN – há, portanto, outro benefício em conduzir a GCN paralelamente à descoberta de buracos no dique);

- responsabilizar os gerentes de infra-estrutura pelo monitoramento e manutenção de todas as partes da infra-estrutura;

- assegurar que todo o equipamento, inclusive hardware e software, receba *patches*, atualizações e manutenção com rapidez e segurança;

- instalar mecanismos de rastreio para mostrar que as salvaguardas estão operando efetivamente.

Realizar uma Auditoria de TI

A maneira mais completa de identificar os vazamentos que podem causar o colapso súbito é auditar os processos e sistemas de TI em busca de riscos. Uma auditoria de risco de TI, como qualquer outro tipo de auditoria, é uma vistoria independente da condição de processos e instalações feita por um perito qualificado. A vistoria pode ser realizada por auditores internos ou externos – ambos têm vantagens e desvantagens.

As empresas podem fazer auditorias por conta própria, mas costumam sair-se melhor usando uma empresa de fora para a primeira auditoria. Uma auditoria externa custa mais do que uma interna, porém os auditores externos trazem experiência e certo grau de imparcialidade (e credibilidade) que poucas firmas podem gerar internamente em seu primeiro exercício de auditoria de TI.

Toda empresa grande o bastante para ter auditores internos, mesmo aquelas de que a regulamentação exige auditores externos, deve, com o tempo, desenvolver também uma capacidade interna de auditoria de TI. Não se trata de uma mera questão de custo; nossa análise das pesquisas demonstra que a auditoria interna é tão eficaz quanto a externa em reduzir o risco total de TI, e *mais* eficaz em reduzir os riscos de precisão. Por quê? Executivos nos dizem que os auditores internos têm a vantagem de um nível intrínseco de confiança que os auditores externos não conseguem igualar. Essa vantagem lhes permite ser mais proativos do que os auditores externos ao explorar riscos. Por exemplo, os auditores internos são capazes, com freqüência, de investigar projetos mais a fundo e, com isso, ajudar os gerentes de projeto a evitar decisões arriscadas. Eles também têm uma visão ampla e internalizada da história, da estratégia e das práticas da empresa, que um auditor externo levaria anos para adquirir. Vários executivos nos disseram que envolver auditores internos no início da vida dos projetos de desenvolvimento de sistemas os ajudou a detectar e corrigir riscos potenciais antes que estes se emaranhassem com os sistemas empresariais e os processos de negócios (ver **Descobertas Comuns das Auditorias de Risco e Segurança de TI**).

Descobertas Comuns das Auditorias de Risco e Segurança de TI

Pesquisas da Gartner proporcionaram esta lista de descobertas comuns das auditorias de risco e segurança de TI, de seus significados e de maneiras de evitá-las numa auditoria. A maioria dessas descobertas se relaciona a acesso e disponibilidade, nessa ordem, o que não surpreende dado o contexto das auditorias. Também não surpreende que os remédios propostos em muitos casos incluam recomendações de auditorias mais freqüentes. Isso é razoável e justo, até que um histórico de controles aprimorados seja estabelecido.[a]

Acesso

1. Descoberta típica: acordos entre parceiros de negócio e contratos com terceiros não tratam especificamente dos requisitos de proteção de dados; os auditores não puderam obter uma lista cumulativa de todas as relações com terceiros ou de evidências de controles internos.

Fonte: Paul Proctor e Gartner Risk and Compliance Research Community, março de 2007.

a. Note-se que, dada a fonte – auditorias de segurança –, a maioria destas descobertas e controles se concentram na avaliação de riscos. Uma auditoria completa de TI trataria de tecnologia, políticas, procedimentos e habilidades relativas aos quatro riscos de TI: disponibilidade, acesso, precisão e agilidade.

O que isso significa: os auditores identificaram os parceiros como uma fonte significativa de risco na ausência de controles.

Como evitar isso:

- mínimo – Rever os contratos com terceiros em termos de requisitos de segurança e risco;

- recomendado – requerer que os terceiros apresentem evidências de controles e realizem vistorias anuais. Acrescentar aos contratos termos referentes a segurança e risco;

- acima e além – requerer auditorias SAS 70 Tipo 2 ou uma vistoria externa equivalente, com certificação dos controles.

2. Descoberta típica: os auditores não conseguiram obter evidências formais de que os funcionários leram e entenderam suas responsabilidades quanto à proteção de dados.

O que isso significa: a falta de consciência abre as portas a uma série de males, como descrito com mais detalhes no capítulo 6.

Como evitar isso:

- mínimo – criar um manual para os usuários e disponibilizá-lo;

- recomendado – formalizar seu programa de treinamento com instrução formal e materiais produzidos profissionalmente;

- acima e além – estabelecer um treinamento computadorizado com rastreamento de conclusão e relatórios. Definir metas a serem cumpridas.

3. Descoberta típica: excesso de contas-raízes e contas administrativas não associadas a indivíduos.

O que isso significa: as contas não estão vinculadas a uma única identidade, de modo que seus controles de acesso e suas ferramentas de monitoramento não serão eficazes.

Como evitar isso:

- mínimo – remover todas as contas compartilhadas. Estabelecer políticas para proibir o compartilhamento de contas. Criar contas individuais privilegiadas para os administradores;

- recomendado – reduzir o número de contas privilegiadas e de administradores;

- acima e além – rastrear toda a atividade dos administradores.

4. Descoberta típica: não foi possível determinar listas de privilégios para cada usuário. Não foi possível confirmar que cada usuário tem privilégios apropriados, aprovados pela concessão de autoridade condizente com sua função.

O que isso significa: não há controles sobre quem tem acesso a quê, nem se esse acesso é aprovado por uma autoridade apropriada.

(*continua*)

Como evitar isso:

- mínimo – estabelecer processos para criar e remover usuários;
- recomendado – automatizar a abertura e a suspensão de contas de usuário e a auditoria de identidades;
- acima e além – estabelecer o papel da gerência, a certificação de privilégios, a detecção de deveres separados na empresa e a correção.

5. Descoberta típica: não foi possível rastrear as atividades dos usuários e gerar uma lista de quem tocou o quê e quando. Não há evidência de coleta e análise dos logs.

    O que isso significa: a incapacidade de monitorar quem acessou recursos específicos, como bancos de dados e arquivos, equivale à incapacidade de controlar ou investigar o acesso.

    Como evitar isso:

    - mínimo – coletar e analisar manualmente os logs dos sistemas críticos;
    - recomendado – implementar a centralização e a análise automática dos logs;
    - acima e além – implementar a plena gestão de identidades, o monitoramento das atividades do banco de dados, dados forenses e o arquivamento (e restauração!) dos logs.

6. Descoberta típica: não foi possível produzir um inventário de ativos de informação nem de classificações associadas.

    O que isso significa: você não sabe que informações possui e não sabe como devem ser protegidas.

    Como evitar isso:

    - mínimo – criar na hora uma lista dos sistemas críticos e publicar uma política de classificação razoável. Alerta: um processo de classificação manual sempre será perigosamente incompleto;
    - recomendado – criar um projeto de inventário e classificação;
    - acima e além – implementar a gestão formal de ativos e buscar mecanismos automáticos para identificar dados sensíveis até então não reconhecidos, ou utilizar controles obrigatórios para evitar o vazamento de dados.

7. Descoberta típica: o acesso à central de dados não é controlado.

    O que isso significa: exatamente o que diz – o acesso à central de dados não é controlado.

    Como evitar isso:

    - mínimo e recomendado – implementar políticas de acesso, com controles mínimos para impor as regras (travas nas portas, planilhas de registro etc.). Mantenha os desenvolvedores de aplicações fora dali!

- acima e além – exigir cartões eletrônicos, autenticação complexa com múltiplos fatores, rastreamento do controle de acesso integrado com registros de log-in, vigilância por vídeo etc.

Disponibilidade

1. Descoberta típica: não foi possível encontrar planos de continuidade dos negócios atuais e ambientalmente relevantes, nem evidências de controles internos que exigem a atualização ou revisão periódica desses planos.

    O que isso significa: a gestão e o planejamento da continuidade dos negócios são perigosamente deficientes. Os auditores hoje têm dado mais atenção a essa questão, depois de incidentes sérios como os ataques de 11 de setembro.

    Como evitar isso:

    - mínimo – escrever um plano mínimo de continuidade de negócios e recuperação de desastres;
    - recomendado – escrever um plano formal usando as melhores práticas. Testar seu plano;
    - acima e além – manter um site reserva com *failover* e *failback* automáticos. Testes completos anuais de *failover*.

Precisão

1. Descoberta típica: não foi possível encontrar evidências de gestão da mudança em sistemas importantes.

    O que isso significa: não há controles sobre a mudança, de modo que é impossível saber se ela está introduzindo imprecisões.

    Como evitar isso:

    - mínimo – estabelecer ambientes separados para o desenvolvimento, os testes e a produção. Implementar um processo de solicitação de mudanças;
    - recomendado – implementar processos e melhores práticas de mudança administrativa;
    - acima e além – implementar um banco de dados para a plena gestão da mudança, com auditoria das configurações e reconciliação automática de mudanças.

2. Descoberta típica: não foi possível controlar os problemas de segregação dos deveres em importantes sistemas de ERP relativos a relatórios financeiros.

    O que isso significa: alguém poderia afetar seriamente a integridade dos relatórios financeiros mediante o uso de permissões conflitantes.

    Como evitar isso:

(continua)

- mínimo – verificar manualmente todos os seus usuários de ERP para determinar se eles contêm permissões conflitantes;
- recomendado – automatizar processos de detecção e correção, bem como fluxogramas do processo de abertura de contas, para evitar maiores problemas;
- acima e além – monitorar continuamente as transações de ERP em busca do uso arriscado de permissões conflitantes.

Implementar Controles e Auditorias Baseadas em Frameworks Padronizados

Os controles podem ser uma questão difícil para uma empresa habituada a não ter nenhum – o que é o caso de muitas organizações de TI. O COBIT (Objetivos de Controle para a Informação e Tecnologias Relacionadas), uma norma cada vez mais popular para os processos de TI (incluindo a governança de operações), tem 34 grandes controles para processos de TI e 217 controles menores.[18] Qual deles é mais importante para sua empresa? Quais dos 10 maiores controles relacionados ao planejamento e à organização, ou dos 13 maiores controles relacionados a atendimento e suporte, são os mais urgentes? É impossível dizer sem saber quais são suas vulnerabilidades mais significativas. Por esta razão, todas as empresas, salvo as mais bem alicerçadas e mais alertas ao risco, implementam controles baseados nos resultados das auditorias, lidando com os problemas de controle mais sérios antes de passarem aos outros.

Embora controles possam ser projetados e construídos internamente, há muitas boas razões para usar frameworks-padrão na indústria, como o Cobit, o Itil (Biblioteca de Infra-estrutura da Tecnologia da Informação) ou a ISO 17799 (amplamente reconhecida como uma norma básica para a gestão de segurança das informações).[19] Os controles não são uma coisa simples, especialmente quando os desenvolvemos do zero. Se forem mal projetados e implementados, eles podem causar mais problemas do que resolver. Controles padrão na indústria oferecem muitas vantagens sobre controles projetados internamente:

- implementar um framework-padrão dá às empresas o benefício de peritos externos que aprenderam com a experiência dos primeiros adeptos;

- controles-padrão facilitam a mensuração do desempenho, pois as firmas podem comparar números numa base de maçãs para maçãs com outras empresas que utilizam os mesmos frameworks;

- frameworks-padrão tornam a auditoria externa mais fácil, menos dispendiosa e mais precisa, pois os auditores os conhecem e têm experiência em auditá-los.

Não obstante essas vantagens, a adoção de frameworks padrão específicos para a TI, como o Cobit e o Itil, ainda é limitada, embora esteja aumentando. Um estudo (ver Figura 3-3) mostrou que, em 2005, menos da metade (45%) de todas as organizações pesquisadas utilizavam um processo padrão ou um framework de controle para a governança de TI. Um terço dos entrevistados usava frameworks desenvolvidos

FIGURA 3-3

Adoção de frameworks-padrão de controles e processos

Fonte: IT Governance Global Status Report — 2006. © 2006 IT Governance Institute. Todos os direitos reservados. Usado com permissão.

internamente, seguidos pela ISO 9000 (com 21%) pelo Itil (com 13%) e pelo Cobit (com 9%). Vinte e dois por cento dos entrevistados ainda não haviam se decidido por nenhum framework, o que interpretamos como uma condição questionável de seus alicerces de TI. Mesmo os 33% que utilizam frameworks desenvolvidos internamente poderiam se beneficiar de comparações entre seus frameworks customizados e as normas da indústria, para ver se seus próprios modelos realmente trazem alguma melhoria.[20]

É uma tarefa difícil consertar o telhado enquanto chove, e muitas empresas estão ocupadas demais tentando lidar com os resultados de processos de TI imaturos para dedicar recursos a melhorá-los. Em outras palavras, implementar qualquer framework de controle não é fácil. Entretanto, os benefícios de um processo maduro de TI, norteado por normas, são significativos, e utilizar um processo imaturo pode ser muitíssimo dispendioso. A experiência de mitigar os riscos de projetos por meio de uma metodologia de gestão de projetos é um exemplo relevante. Um estudo sobre maturidade de processos realizado pela Gartner no fim da década de 1990, com base em dados de mais de 17 mil projetos de TI de vários tamanhos, mostrou que a organização média aumentou a produtividade do desenvolvimento de software em 30% em 2 anos, usando consistentemente um processo padrão moderadamente rigoroso para o desenvolvimento de aplicações.[21] Ter um processo maduro fazia mais do que poupar despesas; também reduzia o número de erros e surpresas desagradáveis.

Administrar a continuidade dos negócios, tapar vazamentos, auditar a TI e implementar controles e melhores práticas da indústria são passos essenciais que toda empresa deve seguir para reforçar a base da pirâmide de riscos. Implementar esses mecanismos reduz significativamente a probabilidade de incidentes e a exposição a riscos catastróficos, melhorando, ao mesmo tempo, a capacidade da empresa de administrar riscos de maneira contínua.

O trabalho não estará encerrado depois que esses passos forem concluídos. As maiores recompensas em termos de valor de negócio e redução de risco (especialmente de precisão e agilidade) resultam da completa simplificação da base instalada de TI, começando com a infra-estrutura. Esse passo criticamente importante é o assunto de nosso próximo capítulo.

Quatro

Consertando o Alicerce

Simplificando a Base Instalada

No CAPÍTULO 3, descrevemos os passos iniciais que toda empresa deveria seguir para trazer o alicerce a um nível competente. Neste capítulo, discutiremos o passo seguinte: reduzir o risco no alicerce simplificando a infra-estrutura e as aplicações. Uma simplificação rápida e completa do alicerce em um passo não é para todo mundo, especialmente se o legado de aplicações for grande, complexo e crítico para os negócios. Alguma simplificação, no entanto, é possível em quase toda empresa – e, diversamente da maioria dos gastos com redução de riscos, neste caso, argumentos que envolvem o ROI são facilmente desenvolvidos e totalmente convincentes.

Uma infra-estrutura racionalizada reduz significativamente o risco, e, como descrito no capítulo 3, a redução resultante nos custos é tão convincente que qualquer discussão da redução de risco no argumento comercial será pouco mais do que o enfeite do bolo. Dadas as recompensas financeiras, poucas empresas podem se dar ao luxo de *não* simplificar a infra-estrutura.

Antes de passarmos aos detalhes, recordemos a definição apresentada anteriormente: a *infra-estrutura* é a plataforma comum de recursos, processos, políticas e funcionários de TI que permite que as aplicações de negócios funcionem de modo confiável. Ela inclui computadores e outros tipos de hardware, redes, aplicações não comerciais de processo específico (como sistemas operacionais, e-mail e processadores de texto) e funções comuns de suporte (como uma *help desk* de TI). Em muitas empresas, ela também inclui aplicações padronizadas, como sistemas financeiros ou RH, que são compartilhadas nas empresas como um todo (a Figura 4-1 retrata a infra-estrutura e sua relação com a estratégia comercial, os processos de negócio e as aplicações).

O Passado Pesa sobre o Alicerce

Se ao menos a simplificação da infra-estrutura fosse todo o necessário para simplificar a base instalada, este seria um capítulo breve e alegre! Infelizmente, as empresas têm aplicações por cima de sua infra-estrutura – e essas aplicações apresentam um tipo totalmente diverso de problema. Ao passo que a infra-estrutura fica amiúde invisível para todos, salvo os técnicos que fazem sua manutenção, as aplicações se encontram indissociavelmente ligadas com os processos comerciais. Mudanças na infra-estrutura são mudanças na tecnologia; mudanças nas aplicações são mudanças nos negócios.

É difícil para a maioria das empresas substituir um inventário de aplicações que representa enormes investimentos de capital e uma forma de fazer negócios profundamente embutida no tecido da empresa. A decisão se tornará ainda mais difícil se essas aplicações parecerem suportar o negócio de maneira mais ou menos adequada. Uma completa reformulação do portfólio de aplicações requer investimentos de capital e mudanças comerciais muito significativos, além das necessárias mudanças tecnológicas. Além disso, projetos de transformação maciços podem falhar e falham, deixando o negócio no mesmo apuro de antes (ou até pior, como no caso da Fox Meyer, distribuidora farmacêutica cuja falência em 1996 se seguiu a uma implementação fracassada de ERP).[1]

Em outras palavras, o negócio precisa balancear os riscos e os custos potenciais da simplificação de aplicações com os riscos de viver com o legado. Uma forma de balancear os riscos é pelo ritmo da transformação.

FIGURA 4-1

Infra-estrutura em contexto

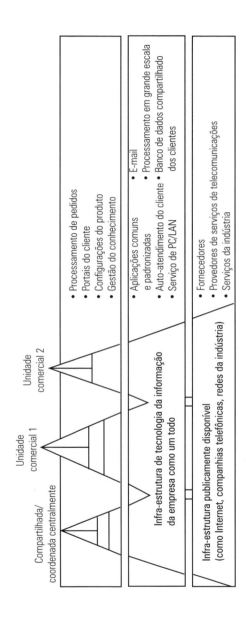

Fonte: Peter Weill, Mani Subramani e Marianne Broadbent, "Building IT Infrastructure for Strategic Agility" ["Construindo a infra-estrutura de TI com vistas à agilidade estratégica"], *MIT Sloan Management Review* 44, nº 1 (2002). Usado com permissão.

As Empresas Escolhem Um entre Dois Caminhos para Simplificar o Alicerce

A transformação pode prosseguir de duas formas: veloz e furiosa ou lenta, mas segura. Quando os riscos do legado já são intoleravelmente elevados, uma transformação rápida e completa das aplicações é mais provável. Quando as restrições impostas aos negócios pelas aplicações legadas são menos severas, ou quando a área de negócios tem dúvidas quanto a sua habilidade para controlar os riscos da transformação rápida, a simplificação das aplicações ocorre mais lentamente.

A Transformação Rápida é Efetiva, mas Arriscada

A Tektronix é um bom exemplo de transformação rápida motivada pelo risco do antigo.[2] A incapacidade de a empresa fazer uma grande jogada estratégica provou para a administração sênior que os riscos de agilidade de sua base de aplicações legadas eram intoleráveis. Como outras grandes jogadas estratégicas certamente viriam, a direção se dispôs a destinar fundos, atenção a suporte a um projeto de transformação. O CFO Carl Neun e o CIO Jim Vance aproveitaram o sucesso de uma consolidação infra-estrutural que já estava em andamento para lançar as fundações para uma transformação adicional. Para reduzir ainda mais os riscos dessa iniciativa trienal de US$ 55 milhões, Neun e Vance a implementaram em ondas – primeiro testando em uma única divisão as mudanças de design, tecnologia e organização por trás de novos processos globais e aplicações de suporte uniformes, e só integrando as outras duas unidades comerciais quando o sucesso tivesse sido atingido na primeira. Ao longo de toda a transformação, Neun e Vance insistiram em que cada unidade comercial deveria usar processos e tecnologias padronizados. Customizações necessárias (por exemplo, para exibir textos no idioma local ou para acomodar múltiplas moedas correntes) foram desenvolvidas como invólucros autosuficientes por cima da aplicação padrão.

Assegurar a padronização foi um tremendo desafio político e organizacional, exigindo apoio de todos os níveis. Ele compensou em termos de um risco reduzido em todos os itens dos 4A, e especialmente dos riscos de precisão e agilidade, que eram os mais importantes para os executivos de negócio. Além de conseguir se desfazer da divisão com sucesso, a Tektronix reduziu significativamente seus demais riscos de TI e melhorou o desempenho geral dos negócios (como descrito com mais detalhes na Introdução).[3]

A Mudança Incremental é mais Lenta, porém mais Segura

Para a Tektronix, o risco da transformação radical era menor do que o risco de agilidade de continuar a fazer negócios com os sistemas legados. O balanço entre os riscos se reverte quando os riscos de disponibilidade, acesso, precisão ou agilidade no presente alicerce da empresa não atingiram um estado crítico. A urgência da transformação é em muito reduzida, e os riscos relativos de um projeto de rápida transformação das aplicações se mostram muito maiores. Nesses casos, as empresas adotam uma abordagem incremental para melhorar o alicerce.

Um exemplo insolitamente paciente da abordagem "devagar-e-sempre" é a Amerada Hess, uma companhia de US$ 13 bilhões na indústria de petróleo e gás natural. A Amerada Hess simplificou os dados subjacentes a uma vasta gama de aplicações numa grande divisão ao longo de um período de 10 anos, com uma aplicação por vez, a partir de meados da década de 1990.[4] Cada novo projeto eliminou estruturas de dados antigas e não padronizadas, substituindo-as por novos bancos de dados padronizados e bem arquitetados, criando gradualmente fontes de informação consistentes em toda a divisão. Uma alteração na administração executiva acabou oferecendo a oportunidade de aumentar dramaticamente o ritmo da mudança. Embora o caminho rumo à simplificação fosse longo, as cuidadosas fundações lançadas ao longo de uma década tornaram o empurrão final até a linha de chegada rápido e completo (discutiremos detalhadamente esse caso mais adiante, neste capítulo).

Transformações Bem-sucedidas do Alicerce Seguem Três Passos

Embora as abordagens "veloz-e-furiosa" e "devagar-e-sempre" tenham diferentes perfis de risco e benefícios, elas seguem uma seqüência comum em três passos:

1. Ambas começam com uma clara visão arquitetônica que serve como guia para a transformação – uma bússola e um leme, como descreveremos mais adiante neste capítulo.

2. Elas procedem melhorando a infra-estrutura para reduzir os riscos na base da pirâmide, para cortar os custos operacionais e para proporcionar uma plataforma sólida para as aplicações de reconstrução.

3. Com uma plataforma robusta instalada e uma direção clara, o difícil desafio de transformar as aplicações legadas tem início.

Por vezes, os três passos se sobrepõem, e algumas empresas realizam uns mais rapidamente do que outros, mas a seqüência vencedora permanece a mesma.

O programa corrente de simplificação do alicerce no Departamento de Habitação e Desenvolvimento Urbano dos EUA (o HUD) mostra essa seqüência em ação.[5] Em 1996, esse órgão de US$ 35 bilhões tinha um alicerce muito complexo, custoso e arriscado. Três funções comerciais primárias (habitação, desenvolvimento comunitário e alojamento público) tinham sido estabelecidas sob mandatos legislativos distintos e eram regulamentadas por diferentes comitês do congresso e operadas de maneira bastante independente – tinham até mesmo equipes distintas de TI baseadas nas unidades de negócio. A independência, complicada por mandatos legislativos que exigiam rápida ação, mas não sistemas bem estruturados de TI, havia resultado num alicerce de TI mal estruturado, fragmentário, caro de sustentar e inflexível. "Temos um plano para transferir nossos principais sistemas legados para plataformas modernas até 2010", disse-nos a CIO do HUD, Lisa Schlosser, "pois eles obstruem o negócio. Consistem em milhões de linhas de código formadas ao longo de 20 anos, e são muito inflexíveis."

A princípio, o HUD avaliou seu portfólio tecnológico à luz das necessidades comerciais para desenvolver seu plano arquitetônico (1) dividindo esse portfólio tecnológico segundo as linhas de negócio; (2) identificando os principais negócios e processos de suporte do HUD e de cada linha de negócio; (3) mapeando todos os sistemas de TI dentro dessas funções; e, finalmente, (4) desenvolvendo um plano e uma arquitetura para um ambiente com sistemas alinhados.

Uma vez concluídos a análise e os planos arquitetônicos, o HUD se concentrou em reduzir os custos da infra-estrutura que representavam a maior parte de seu orçamento de TI. Eliminar aplicações e infra-estruturas redundantes contribuiu para reduzir o número de funcionários de TI, o maior componente dos custos infra-estruturais de TI do HUD, em cerca de 25%. "Implementamos tamanha eficiência que pudemos reduzir custos significativamente, liberando verbas para investimento", disse-nos Schlosser. A substituição de aplicações em grande escala – o terceiro estágio na simplificação geral – está agora em andamento. Não obstante o custo considerável deste terceiro estágio, o orçamento total de TI do HUD permaneceu estável, graças às fundações lançadas nos estágios da arquitetura e da infra-estrutura.[6]

A Arquitetura Traça o Trajeto e Mantém a Transformação nos Trilhos

Não é por acaso que definir a arquitetura é o primeiro passo para a simplificação (ver *O que é uma Arquitetura?* para exemplos das visões arquitetônicas de duas empresas.). Uma arquitetura define uma visão futura para os processos comerciais e a tecnologia de suporte, e com isso proporciona orientação para decisões tecnológicas que se desenrolam com o passar dos anos. A mesma visão, detalhada até o nível de padrões tecnológicos altamente específicos, é um gabarito que permite avaliar o futuro valor e o risco de tecnologias empresariais correntes. Nesse sentido, o framework arquitetônico serve como bússola para a jornada rumo a um alicerce simplificado, reduzindo os riscos de disponibilidade, acesso, precisão e, por fim, agilidade, ao evitar a complexidade desnecessária antes mesmo que ela surja.

Uma visão arquitetônica é implementada mediante decisões tomadas sobre cada um dos projetos que a empresa conclui. Ao alinhar sistematicamente novos planos e designs com os padrões arquitetônicos, a empresa "testa de antemão" o novo ambiente em busca de complexidades desnecessárias que aumentam o risco. O reverso – infelizmente – é também verdadeiro. Como mostra a história pregressa do HUD, decisões tomadas sem levar em conta os padrões arquitetônicos têm muito mais chances de aumentar a complexidade e o risco do que de diminuí-los. Simplicidade significa limitar escolhas, mas, sem uma arquitetura, qualquer coisa serve. Nesse sentido, a arquitetura é um leme – ela mantém a empresa na direção de seu destino.

O que é uma Arquitetura?

A arquitetura empresarial é "a lógica organizacional para processos de negócio e infra-estrutura de TI que reflete os requisitos de integração e padronização do modelo operacional da empresa".[a] Arquiteturas efetivas refletem tanto a visão do negócio de como os processos da empresa devem funcionar como a concepção que a TI tem da tecnologia necessária para suportar essa visão. A história pode ser representada no mais alto nível de uma página única, como mostram as arquiteturas empresariais da MetLife e da ING Direct.

A arquitetura da MetLife, como retratada na figura, apresenta serviços compartilhados e tecnologia padronizada (no centro do diagrama) conectando aplicações de atendimento ao cliente (camada de apresentação das aplicações) e grandes aplicações e bancos de dados compartilhados de back end ("camada de dados e lógica

A arquitetura empresarial da MetLife

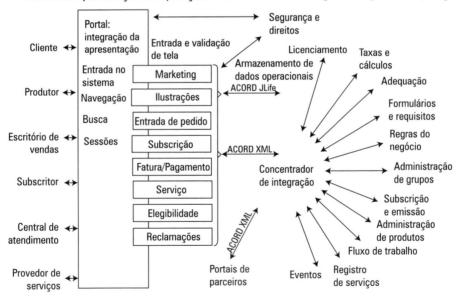

Fonte: adaptado de documentos da MetLife. Reimpresso de Jeanne Ross, Peter Weill e David Robertson, Enterprise Architecture as Strategy: Creating a Foundation for Business Execution [A arquitetura empresarial como estratégia: criando um alicerce para a execução dos negócios] (Boston: Harvard Business School Press, 2006), 59. Usado com permissão.

a. Jeanne Ross, Peter Weill e David C. Robertson, *Enterprise Architecture as Strategy: Creating a Foundation for Business Execution [A arquitetura empresarial como estratégia: criando um alicerce para a execução dos negócios]* (Boston: Harvard Business School Press, 2006).

de negócio das aplicações"). Essa arquitetura reduz o risco de precisão ao integrar processos comerciais diversos em uma visão comum e precisa de cada cliente e conta, proporcionando, ao mesmo tempo, a agilidade para adicionar processos conforme a necessidade. Os riscos de disponibilidade e acesso são administrados no nível de processos e camadas específicos.

A arquitetura da ING Direct, vista na figura, é altamente modular, com diferentes serviços comerciais (como serviços bancários centrais, relações com o cliente e serviços externos) funcionando sobre uma plataforma compartilhada de canais e negócios comuns. Todas as informações se encontram integradas dentro de cada país, mas os dados e os sistemas de cada um deles ficam à parte. A arquitetura reduz o risco de agilidade de penetrar novos países ou lançar um novo produto num país, restringindo o quanto cada unidade nacional pode customizar seus sistemas. Os riscos de disponibilidade, acesso e precisão são reduzidos dentro de cada país utilizando-se um software padronizado.

Arquitetura empresarial da ING Direct

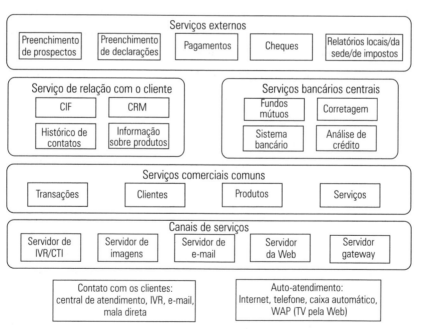

Fonte: David Robertson, "ING Direct: The IT Challenge (B)", IMD-3-1345 (Lausanne, Suíça: IMD, 2003). Usado com permissão.

Sem arquitetura, a empresa não tem como rumar para um alicerce mais bem estruturado e não tem nenhum meio real de saber se o que vem substituindo o alicerce atual será de fato melhor, ou menos arriscado, do que o que havia antes. É difícil para qualquer empresa calcular quanto vale evitar más decisões; dito isso, um framework arquitetônico bem definido e consistentemente aplicado ajuda a evitar aquelas más decisões que inevitavelmente se agravam com o tempo e resultam num alicerce de TI excessivamente complexo, difícil de administrar e repleto de brechas perigosas.

Simplificar a Infra-estrutura Dá Início à Mudança e Gera Impulso

No início deste capítulo e em capítulos anteriores, descrevemos numerosos exemplos do papel da infra-estrutura no risco de TI e a importância de melhorar a infra-estrutura como um passo inicial na melhoria da disciplina do alicerce. As unidades de TI podem tipicamente melhorar a infra-estrutura por conta própria, com pouca ou nenhuma mudança exigida nos processos comerciais. Melhorar a infra-estrutura reduz os dois riscos na base da pirâmide – disponibilidade e acesso –, lançando, ao mesmo tempo, as fundações para melhorias nas aplicações que reduzam os riscos mais elevados da precisão e da agilidade. Melhorar a infra-estrutura também proporciona dividendos financeiros. Como mencionamos no capítulo 3, as economias podem remontar a 10% ou mais do orçamento de TI, ou a dezenas de milhões de dólares por ano em uma grande empresa.

Poucas empresas podem se dar ao luxo de *não* simplificar a infra-estrutura. Isso reduz custos e riscos ao mesmo tempo que gera impulso para a tarefa mais difícil de reestruturar as aplicações. A maioria das empresas pode fazer melhorias significativas agora mesmo, *racionalizando* sua infra-estrutura – mudando para um conjunto planejado e administrado de componentes padrão e reduzindo a quantidade de componentes ao compartilhar recursos e eliminar ativos redundantes. Isso se faz tipicamente em três passos:

1. *Centralização:* consolidar recursos da infra-estrutura em um número menor de centrais de dados, com uma gestão mais centralizada.

2. *Padronização:* usar menos tipos e versões de hardware e software.

3. *Racionalização:* passar para uma quantidade menor de hardware e software, com maior compartilhamento de recursos entre unidades

comerciais, menos duplicações e menos ineficiências (um exemplo comum é o compartilhamento da capacidade de recuperação de desastres entre serviços).[7]

Por exemplo, a Tektronix racionalizou sua infra-estrutura utilizando esses métodos. Antes de a transformação das aplicações ter tido início, ela já havia centralizado 7 centrais de dados distintas, que utilizavam uma variedade de *mainframes* e minicomputadores de múltiplos fornecedores, formando 3 centrais, e então uma só. Em 1996, a companhia efetuou uma padronização, com microcomputadores Unix sendo a plataforma que hospedaria as aplicações transformadas, e confiou todas as operações não relacionadas a minicomputadores a um terceiro. Similarmente, a Tektronix já havia padronizado uma rede que consistia em uma salada de tecnologias de comunicação, linhas e conversores numa rede global baseada inteiramente no padrão de comunicações do protocolo da Internet (ou "IP"). A nova rede era imensamente mais fácil de administrar, monitorar e expandir e lidou facilmente com o aumento de aproximadamente 20 sites globais para mais de 100. Essa racionalização dos esforços de infra-estrutura reduziu dramaticamente a complexidade, o custo e o risco do alicerce *antes mesmo* de as aplicações serem transformadas.[8]

Termine de Consertar o Alicerce Simplificando Aplicações – Com Cuidado

Muitos CIOs nos dizem que suas aplicações legadas customizadas são de 30 a 50% mais custosas de manter e operar do que seus pacotes de sistemas ou outras tecnologias mais novas. Esse custo, e o custo de oportunidade ainda maior que ele implica, é uma dor constante para a equipe de TI, mas, quando um executivo de negócio o compara aos altos custos da mudança em termos de TI e de negócios, ele com freqüência parece irrisório.

A decisão de substituir uma importante aplicação legada quase sempre se baseia no risco e no valor para os negócios, e não nos custos da TI. Ela é tomada quando a ameaça de uma falha catastrófica é iminente ou quando as obstruções ao modelo de negócio são graves demais para que se tolere por mais tempo o *status quo,* como foi o caso da transformação da Tektronix. Em outras palavras, o ponto de desequilíbrio para a mudança nas aplicações legadas só chega quando o risco comercial de manter uma aplicação excede claramente o valor de negócio dos processos que ela sustenta.

Nos piores casos, o ponto de desequilíbrio do benefício/risco passa despercebido, ou sofre resistência até que uma falha catastrófica seja iminente ou ocorra de fato. Essas falhas são igualmente desnecessárias e perigosas. Praticamente *nenhuma* crise em aplicações legadas – com poucas exceções – chega sem aviso. As circunstâncias que aumentam o risco e reduzem o valor são quase sempre visíveis – muitas vezes, anos antes de o ponto de desequilíbrio ser atingido.

Argumentos Comerciais em Prol da Migração do Legado Baseiam-se no Valor e no Risco

Há três argumentos comerciais essenciais que justificam a substituição de uma aplicação legada, e eles se definem por sua mescla entre valor e risco (ver Figura 4-2):

1. um argumento comercial baseado no *valor* procura melhorar o desempenho comercial em termos que incluem receita e lucro; ganhos na produtividade comercial ou redução de custos; diferenciação compe-

FIGURA 4-2

Argumentos comerciais baseados em valor e risco justificando a substituição de aplicações legadas

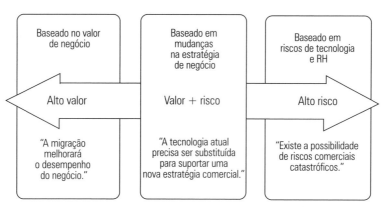

Fonte: Richard Hunter e Dave Aron, "High Value, High Risk: Managing the Legacy Portfolio" ["Alto valor, alto risco: administrando o portfolio legado"] (Stamford, CT: Gartner Executive Programs, setembro de 2006.)

titiva e melhor posicionamento no mercado; redução de riscos comerciais do lado das perdas (por exemplo, por meio da observância dos regulamentos); ou maior agilidade comercial;

2. um argumento comercial baseado no *risco* concentra-se na possibilidade de falhas nos processos comerciais, causadas ou por uma falha crassa na tecnologia ou pelo não-atendimento das necessidades comerciais pela tecnologia de suporte. Fatores que costumam gerar riscos intoleráveis incluem a aposentadoria ou a saída do pessoal que mantém a tecnologia, a suspensão do suporte aos fornecedores para as plataformas ou aplicações, ou uma mudança nos regulamentos;

3. um argumento comercial baseado na combinação entre *valor* e *risco* é usualmente apropriado quando a estratégia comercial está mudando. Uma mudança na estratégia de negócio, quer determinada internamente, quer pelas demandas do mercado, muitas vezes exige novas capacidades tanto nos processos comerciais como nos sistemas de informação que lhes dão suporte. O risco tecnológico nesse caso pode não ser catastrófico; basta que haja uma possibilidade significativa de danos à estratégia devido à incapacidade dos sistemas legados de suportar novos requisitos de negócio.[9]

O segredo para administrar o portfólio legado e o risco que ele incorpora é avaliar e comparar periodicamente o valor e o risco com o passar do tempo. Fazendo isso, as empresas têm alertas suficientes antes de o ponto de desequilíbrio sobrevir, de modo que podem aumentar sistematicamente o valor de sua base de aplicações ao mesmo tempo que reduzem seus riscos inerentes.

No caso de algumas empresas, como a Tektronix ou a Celanese (discutida no capítulo 6), os riscos representados pela base legada eram tão altos – especialmente em termos de precisão e agilidade – e os benefícios de uma precisão e uma agilidade maiores eram tão palpáveis que elas puderam justificar um projeto de substituição "veloz-e-furioso". Entretanto, os riscos são menos óbvios na maioria dos casos, e a maioria das empresas precisa ser mais paciente. Ao se aproveitarem de mudanças, oportunidades e riscos comerciais, essas empresas moldam cada novo projeto para conduzir a firma gradualmente na direção da visão arquitetônica. A arquitetura é a bússola e o leme nessa jornada, mas os CIOs e suas equipes são os pilotos.

A Amerada Hess Dominou a Abordagem do "Devagar-e-Sempre"

A abordagem do "devagar-e-sempre", usada pela Amerada Hess, é um exemplo notável de planejamento paciente determinado pela arquitetura, em combinação com ações oportunas.[10] As estruturas de informação embutidas nas aplicações eram numerosas e não padronizadas, difíceis de combinar e integrar, resultando em altos riscos de precisão e agilidade. Por outro lado, a percepção comercial geral do risco era baixa – como é comum quando gerentes e funcionários convivem há muito tempo com certos riscos –, e não havia suporte para uma reestruturação veloz-e-furiosa da base de aplicações.

O CIO Richard Ross e sua equipe empregaram uma combinação de paciência, planejamento e negociação para levar a firma incrementalmente na direção certa, sob a orientação da arquitetura. De acordo com Ross: "A princípio, descobrimos um usuário comercial tarimbado em finanças e, por isso, começamos a implementar a arquitetura pelo centro, criando uma camada de armazenamento de dados em uma aplicação por vez".[11] Ele explicou ainda: "Quando havia solicitações de sistemas, explicávamos às equipes de projeto as vantagens de gastar um pouco mais para conseguir algo muito melhor" – um sistema cuja estrutura padronizada de dados e cuja precisão assegurada proporcionava uma base muito mais oportuna e acurada para decisões comerciais.

Ross e sua equipe logo descobriram que as complexidades técnicas eram uma barreira menor à simplificação do que discórdias fundamentais entre as unidades comerciais quanto ao sentido dos termos de negócio. Por exemplo, uma unidade comercial interpretava as palavras *volume vendido* como designando uma projeção; outra entendia que elas se referiam à quantidade de produtos fornecida a compradores. "Reunimos todas as partes e pedimos que conciliassem suas definições", disse Ross. "Muitas delas vinham usando planilhas pessoais para fazer projeções. Conseguimos que concordassem quanto a uma só fonte de dados e um só sentido [para cada termo]. Isso nos proporcionou definições de dados comuns. Assim que atingimos a massa crítica, pudemos mostrar seu valor."

Como é típico dos riscos (como os de precisão) que se situam mais acima na pirâmide de risco de TI, essas mudanças tiveram sobre a organização impactos que iam além de questões tecnológicas. Ross explicou o que aconteceu na Amerada Hess: "Nós nos sentamos com as equipes administrativas e discutimos que ações eles adotariam quanto aos dados em suas telas – por exemplo, o que fariam quando um bloco de dados estivesse destacado em vermelho, indicando uma situação crítica. Desenvolvemos um conjunto de princípios operacionais para que todos soubessem com clareza quem um executivo deveria chamar em busca de respostas e que atitudes [essas equipes administrativas] poderiam tomar. Esses princípios operacionais foram úteis para funcionários em níveis inferiores da organização, que sempre haviam receado enviar dados à gerência por medo de como poderiam ser usados".

A abordagem gradual fez a Amerada Hess avançar bastante em sua jornada. Também deixou a firma em condições de avançar a passos largos pelas últimas etapas. Em 2002, um novo presidente de divisão estabeleceu a prioridade de administrar o negócio por meio de um conjunto de números simplificado, consistente e válido para toda a divisão. A empresa anterior do novo presidente havia despendido US$ 100 milhões para conseguir esse tipo de relatório integrado, e ele estava disposto a pagar o mesmo preço, se necessário, nesse caso. Contudo, como a arquitetura emergente na Amerada Hess já havia sido testada e aprovada em múltiplas aplicações e contava com forte apoio de executivos e gerentes de negócio que haviam se beneficiado com a transformação gradual, o grupo de TI podia propor, com confiança, a conversão, em 1 ano, de todos os bancos de dados remanescentes, a um custo de US$ 10 milhões. As fundações lançadas em aplicação após aplicação frutificaram rapidamente, reduzindo de modo significativo os riscos de precisão e agilidade em toda a divisão – um sucesso da noite para o dia que levou 10 anos para se formar.

O Ponto de Desequilíbrio para o Risco e o Valor Pode Ser Previsto com Anos de Antecedência

Com relação às aplicações, o valor e o risco de negócio costumam evoluir com o tempo de maneiras largamente previsíveis. Eles são sempre afetados por fatores externos, como condições comerciais em mudança, e também por fatores internos, como a disponibilidade de recursos ou uma alteração na estratégia comercial. Muitos desses fatores têm considerável visibilidade futura, e as empresas podem, muitas vezes, estimar e comparar riscos e valores com razoável precisão, com anos de antecedência. Essas estimativas podem ser utilizadas para determinar se e quando o negócio deve considerar a substituição de um dado sistema.

Prevendo tendências no valor de negócio. O valor está no processo comercial, e não nas aplicações que o sustentam.[12] Prever tendências futuras no valor comercial, portanto, é algo que se faz processo a processo, com perguntas sobre o papel de cada um deles na proposta de negócio da empresa e sobre como esse papel aumentará ou diminuirá com o tempo. Por exemplo, o processo é parte de uma unidade comercial com alta margem, ou é um fator de custo para o negócio? Ele (e as unidades comerciais que ele sustenta) ganhará importância com o tempo ou perderá significância? Que eventos desencadearão essas mudanças? Quando isso ocorrerá?

Diferentes tipos de valor – crescimento, lucratividade, redução de custos, observância dos regulamentos, diferenciação competitiva e assim por diante – podem ser importantes para diferentes processos e por diferentes razões, e nem todos são facilmente quantificáveis. Mas analistas e executivos ainda podem usar listas de checagem padronizadas ou questionários de diagnóstico para estimar o valor relativo dentro de uma dada categoria, e então pesar diferentes tipos de valor, de maneira adequada para produzir uma estimativa ou um índice do valor total. Prever os números do valor de negócio com vários anos de antecedência constitui um meio sistemático de fazer comparações dentro de processos e entre processos, ano após ano.

Prevendo tendências no risco das aplicações. O valor está nos processos comerciais, mas o risco de TI está nas aplicações legadas. Assim como podem fazer previsões de valor razoavelmente acuradas com anos de antecedência, as empresas também podem fazer previsões comparáveis para os riscos. É mais útil nos concentrarmos em aplicações que dão suporte a processos comerciais de alto valor; decisões quanto à substituição de aplicações raramente são difíceis quando os processos que elas sustentam têm pouco valor. Se uma análise de impacto comercial (como descrito no capítulo 3) já foi concluída como parte da gestão da continuidade dos negócios, então o mapeamento entre aplicações e processos já estará disponível. Se não estiver, ele deve ser criado.

O risco é avaliado mediante perguntas sobre o impacto de uma aplicação na disponibilidade, no acesso, na precisão e na agilidade dos processos comerciais que ela suporta, hoje e no futuro. As perguntas incluem:

- o sistema impede que o negócio opere efetivamente? Como?
- o sistema é consistente com os padrões arquitetônicos atuais e planejados? Ele pode ser modificado segundo a necessidade, para atender a necessidades comerciais em mudança (por exemplo, aumentando-se a capacidade conforme o necessário)?
- o sistema funciona com suficiente confiabilidade? Qual a possibilidade de falhas técnicas e suas prováveis conseqüências comerciais?
- os controles são suficientes para atender aos requisitos técnicos e de política interna?
- o consumo de recursos do sistema, incluindo recursos humanos, é aceitável?
- recursos humanos adequados para sustentá-los estão disponíveis interna ou externamente?
- os sistemas são bem documentados?
- o software e o hardware atuais recebem suporte dos fornecedores envolvidos?
- como as respostas para as perguntas feitas até aqui mudarão no futuro previsível?
- que eventos determinarão essas mudanças? Quando esses eventos ocorrerão?

Ao usar um esquema classificatório definido e ao pesar diferentes tipos de risco segundo a tolerância da empresa a cada um, esta última pode fazer comparações sistemáticas entre as estimativas gerais de risco, de aplicação em aplicação e de ano em ano.

Apesar de, nas análises de risco, os gerentes de TI tenderem a enfatizar a qualidade técnica das aplicações, esta última só constitui um fator decisivo quando é ruim a ponto de ameaçar a efetividade de um processo comercial. Em geral, riscos que estorvam muito ou que ameaçam o negócio – como a incapacidade de sustentar novas iniciativas comerciais (agilidade), a possibilidade de uma falha de sistema catastrófica (disponibilidade) ou a probabilidade de sanções regulamentares (precisão ou acesso) – devem receber o máximo peso. Por exemplo, a inaptidão de um sistema para passar a níveis superiores de capacidade é um risco de disponibilidade altamente prioritário caso as previsões demonstrem que o crescimento dos negócios provavelmente exigirá uma capacidade maior no futuro previsível, mas não quando o crescimento dos negócios é previsto como lento ou estagnado.

Prevendo o risco em comparação com o valor. O passo final no processo de avaliação é sobrepor os cronogramas de valor e de risco (ver Figura 4-3). Não é necessário comparar as escalas de valor e risco com precisão; basta comparar o formato das linhas de risco e valor. Quando o risco sobe acentuadamente em relação ao valor, é hora de considerar a substituição do sistema. Essa mudança pode resultar de um aumento no risco causado talvez por eventos (como uma grande mudança regulamentar ou uma expansão na demanda do mercado excedendo a capacidade do sistema) ou de uma queda no valor do processo comercial (como pode ocorrer após a remoção de investimentos, a decisão de eliminar o suporte a uma linha de produtos ou um aumento na capacidade da concorrência). Mapear o risco e o valor

FIGURA 4-3

Cronograma de risco e valor das aplicações

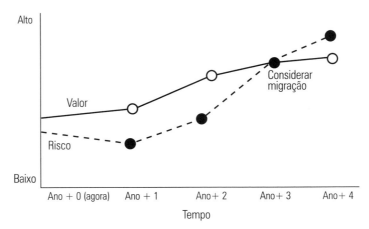

Fonte: Richard Hunter e Dave Aron, "High value, high risk: managing the legacy portfolio" ["Alto valor, alto risco: administrando o portfólio legado"] (Stamford, CT: Gartner Executive Programs, setembro de 2006.)

ao longo do tempo dá à empresa uma idéia de quanto tempo lhe resta para planejar e executar a migração – ou para reduzir o risco até níveis aceitáveis.

Na Amcor, uma fabricante australiana de papel, 50% do pessoal de TI incumbido de manter a aplicação envelhecida e crítica que controlava as operações nas usinas de papel se aposentou em massa em janeiro de 2006. De acordo com o CIO da Amcor, Rob Pyne: "Pode crer que não foi uma coisa trivial".[13] Como o evento pôde ser previsto com grande antecedência, Pyne conseguiu mitigar o impacto da saída da equipe desenvolvendo cuidadosamente a perícia do pessoal restante. O evento, entretanto, foi um claro indicador de que a relação entre risco e valor da tecnologia envelhecida – cuja vida já estava sendo prorrogada com acessórios como sistemas de relatório terceirizados – havia mudado. Em algum momento, *todos* os funcionários que trabalham no sistema terão ido embora. O valor do processo comercial permanece alto, mas o nível do risco de disponibilidade e agilidade vem subindo rapidamente. Pyne já está preparando propostas para substituir a tecnologia.

Rever anualmente as análises de risco e valor ajuda as empresas a não perder de vistas os riscos em aplicações que podem se tornar subitamente catastróficos e permite que elas apresentem argumentos comerciais adequados defendendo a mudança nas aplicações no momento certo para os negócios. Com o tempo, a base de aplicações melhora de forma incremental e oportuna, com menos trauma organizacional (embora num ritmo mais lento) do que numa substituição radical do tipo veloz-e-furiosa.

Desenvolva um Plano de Reinvestimento e Renovação do Orçamento

Independentemente de você optar por uma abordagem veloz-e-furiosa ou devagar-e-sempre, é importante tomar providências para que o risco removido do alicerce à custa de grande esforço e despesa não retorne. Reinvestir sistematicamente na renovação do legado é um importante meio para esse fim. Uma abordagem típica à renovação sistemática considera hardware e software como ativos a serem substituídos segundo um cronograma que evita a dependência comercial de tecnologia em obsolescência. Já que a relação entre preço e desempenho da tecnologia melhora rapidamente, essas substituições atualizam o desempenho dos negócios sem aumentar o custo.

Na Foreign Affairs and International Trade (FAIT) do Canadá, um órgão público, o CIO Pierre Sabourin utiliza um fundo de renovação equivalente a 20% do orçamento de TI como ferramenta para estimular as unidades comerciais a simplificar e atualizar continuamente sua infra-estrutura e suas aplicações.[14] Umas poucas regras básicas orientam os esforços cíclicos de atualização da FAIT: os PCs são substituídos a cada 4 anos e as impressoras, a cada 6. Softwares são aposentados quando os fornecedores deixam de oferecer suporte ao produto em questão, ou quando o produto já não se ajusta à marca arquitetônica do órgão.

Sabourin e seu pessoal começam a pensar em substituir ou atualizar uma aplicação assim que ela completar 5 anos. Apresentar um argumento em prol da mudança de uma aplicação é, no entanto, raramente simples. De acordo com Sabourin: "Aplicações não são produtos como PCs. Os possuidores comerciais de aplicações não têm uma cultura de ciclos de vida. Só vêem os custos imediatos de construir, e não os custos contínuos de manter. E os gerentes de negócio movidos por L&P [Lucros e Prejuízos] não têm incentivos de longo prazo para manter uma plataforma atualizada".

A solução de Sabourin é o Fundo CIO – uma parte do orçamento de substituição cíclica, aprovada por gerentes seniores, que pode ser destinada a custear, simplificar e renovar aplicações particulares, conforme o necessário. "É o mel que atrai as abelhas – ou seja, as pessoas é que estão ficando para trás. Posso usar o Fundo CIO e pagar para que os donos de unidades comerciais se livrem de uma plataforma antiga. É uma idéia nova para nós, mas as unidades comerciais já as adoram."

Nenhuma empresa pode ignorar a disciplina do alicerce. Para os poucos afortunados que partem de uma página em branco ou cujas empresas atingiram um ponto de virada na estratégia comercial exigindo uma plataforma tecnológica nova e drasticamente melhorada, um alicerce com uma infra-estrutura e aplicações simplificadas, padronizadas e bem administradas pode servir de disciplina focal para a administração do risco.

Na maioria das empresas, anos de utilização de uma tecnologia otimizada localmente, sem uma clara orientação arquitetônica, já produziram um ambiente cuja complexidade e estrita conexão com processos comerciais tornam a simplificação radical extremamente difícil e dispendiosa. Nesse ambiente, a disciplina do alicerce tem grande valor, mas levá-la a seu extremo lógico é uma impossibilidade prática.

Em vez disso, essas empresas precisam trazer o alicerce a um nível competente o mais cedo possível, identificando e tapando vazamentos no dique, dando fim à execução desmazelada, acrescentando controles básicos de TI e implementando a gestão de continuidade dos negócios. Então elas podem pôr mãos à obra para simplificar e aprimorar a infra-estrutura e as aplicações ao longo do tempo.

Em ambientes legados tão complexos e canhestros, a disciplina focal para a gestão do risco de TI provavelmente será o processo de governança ou a consciência do risco. Como processos são tão freqüentemente o foco dos esforços de gestão de risco em companhias grandes e complexas, sendo com freqüência negligenciados em companhias menores e com limitações de recursos, trataremos da disciplina referente ao processo de governança do risco em nosso próximo capítulo.

Cinco

Desenvolvendo o Processo de Governança de Risco

Um problema fundamental na gestão de risco é o fato de que as pessoas que melhor podem priorizá-la na empresa são provavelmente as menos capazes de identificar os riscos e lidar com eles. Os executivos podem muito efetivamente fazer acomodações comerciais entre riscos e atribuir fundos e responsabilidades por sua gestão. Contudo, eles não têm o conhecimento detalhado de cada unidade, necessário para identificar os riscos, e tampouco o tempo ou as habilidades para lidar com eles. Habilidades e conhecimentos operacionais detalhados se encontram usualmente muito abaixo na organização, com pessoas que tendem a ter uma visão limitada da empresa como um todo e que, com isso, não conseguem fazer acomodações efetivas no âmbito geral.

Desenvolver uma real compreensão dos riscos de uma empresa assemelha-se à folclórica estória dos indianos sobre os cegos que encontraram um elefante pela primeira vez. Um dos cegos apanha a tromba do elefante e diz: "O elefante é como uma cobra". Outro lhe toca as pernas e diz: "O elefante é como uma árvore". Um terceiro segura sua cauda e anuncia: "O elefante é como uma corda". Um quarto apalpa-lhe os flancos e diz: "Não, não! O elefante é como uma parede!". Todos os cegos estão parcialmente corretos, e todos estão muito errados. A menos que concebam alguma maneira de compartilhar o que descobriram, nenhum deles jamais terá uma idéia de como um elefante de fato é. Isso seria um problema se tivessem de lidar em algum momento com um elefante ensandecido.

Como os quatro cegos, as empresas precisam de um meio de combinar visões fragmentárias do "elefante" do risco de TI para desenvolver uma imagem precisa, abrangente, compartilhada e pragmática de todos os riscos de TI. Além de integrar informações sobre os riscos, elas devem também ter algum meio de resolver discórdias legítimas quanto à probabilidade e ao impacto de cada risco (ver *O que todo pai sabe sobre a gestão de risco*).

Ter uma imagem abrangente e consistente dos riscos, mantê-los atualizados e então tomar atitudes adequadas a seu respeito é uma tarefa difícil na maioria das

O que Todo Pai Sabe sobre a Gestão de Risco

Imagine que a filha de 4 anos de George, Clare, está no trepa-trepa do parquinho do bairro. Ela sobe a quase 1 metro do chão e grita: "Papai, olhe só para mim!". George, é claro, diz: "Suba mais!". Ele, afinal de contas, está preocupado com o risco de agilidade de Clare – quer que ela se torne a mulher mais confiante e capaz que puder. A esposa de George, Marilyn, por outro lado, diz: "Já subiu muito. Desça um pouquinho". Marilyn está preocupada com um risco diferente – qual seja, o de disponibilidade; se Clare cair, poderá não sobreviver para precisar de agilidade como adulta.

Depois de discussões extensas, George e Marilyn resolveram a diferença em suas prioridades de risco. Clare pode subir mais alto do que Marilyn permitiria, desde que George esteja lá para apanhá-la caso ela caia.

Se a priorização de riscos é tão difícil nesse contexto, quando ambas as partes se importam apenas com o bem da filha, considere quão mais difícil não é atingir um consenso quanto ao risco numa empresa cheia de objetivos diversos e agendas ocultas.

Assim como George e Marilyn, as empresas precisam de um meio de administrar conciliações entre seus principais riscos. Descobrimos que o processo de governança de risco é a melhor maneira de pessoas com pontos de vista diferentes terem uma visão completa dos riscos de TI e chegarem a um consenso sobre como lidar com eles.

empresas. No entanto, existe uma maneira de fazer isso. A resposta é a segunda disciplina da gestão do risco de TI – o ***processo*** de governança de risco –, que descrevemos neste capítulo. Com um processo efetivo de governança do risco de TI, executivos em todos os níveis têm as informações de que necessitam para implementar decisões inteligentes e confiantes de negócio a respeito de quais riscos de TI devem reduzir, quais evitar, quais transferir (por meio de seguros, terceirização ou outros meios) e com quais conviver. Sem um processo de governança de risco, as empresas não têm como entender a real extensão e natureza dos riscos que enfrentam, o que as deixa vulneráveis a surpresas desagradáveis.

A Necessidade de um Processo de Governança do Risco na PFPC

Quando Michael Harte se tornou o primeiro CIO geral da PFPC em 2001, a tecnologia da informação nessa prestadora de serviços financeiros, que administrava US$ 1,7 trilhões em ativos, era altamente fragmentária – o resultado de uma década de rápido crescimento e aquisições em dez segmentos de negócio separados, cada um com suas próprias organizações de TI.[1] Harte foi incumbido de unificar e transformar os fragmentários ativos de TI da empresa para reduzir custos, melhorar a visibilidade das informações como um todo e aumentar a agilidade. Ele sabia, porém, que vários riscos de TI estavam presentes no curto prazo e que a empresa não tinha um processo para administrá-los.

O risco de TI era um problema crítico na PFPC. O negócio da empresa consistia largamente em processar transações para outros bancos, e a pontualidade e a precisão eram vitais para seus clientes. Além disso, a instituição era auditada com freqüência – por reguladores de Wall Street, reguladores de bancos e mesmo auditores dos clientes. Redeclarações financeiras anteriores feitas pela controladora PNC Financial fizeram com que a PNC e suas subsidiárias ficassem, por um bom tempo, sob estrita vigilância por parte de reguladores e clientes.

Harte se deu conta rapidamente de que o maior risco de TI em sua firma era que nem ele nem seus colegas sabiam quais eram os seus riscos de TI. Eles precisavam de uma imagem bem arredondada de todos os riscos de TI da empresa. Também precisavam encontrar uma maneira de resolver discórdias entre a equipe de Harte e seus pares quanto a quais riscos eram mais importantes. Para isso, Harte optou por fazer da gestão de risco um dos dois pilares de seu plano de transformação da TI e tornar o processo de governança a disciplina focal do programa. Ao longo deste capítulo, descreveremos como a PFPC e outras empresas implementaram seu processo de governança do risco.

Um Processo de Governança de Risco de TI Efetivo, em Multicamadas

O desafio para os executivos é projetar e implementar um processo de governança de risco que associe a perícia local sobre riscos com uma supervisão e uma tomada de decisões centralizadas. Em qualquer organização de porte pelo menos moderado, ninguém pode desenvolver sozinho uma visão de âmbito geral dos riscos de TI e tomar as atitudes necessárias com base nessa avaliação. Em razão desse problema, processos de governança de risco e estruturas administrativas efetivos precisam ter múltiplas camadas, dando às pessoas de cada nível as informações de que elas precisam para fazer sua parte, sem ficarem atoladas em complexidade e burocracia.

Uma governança de risco de TI bem projetada permite que peritos locais identifiquem os riscos e lidem com eles e, ao mesmo tempo, capacita os executivos a enxergar riscos na empresa como um todo e alocar recursos para os mais importantes. A abordagem em multicamadas tem várias vantagens:

1. *Ela põe o conhecimento em diferentes níveis da organização para atuar onde ele é mais efetivo.* Há tão pouco sentido em ter gerentes seniores tomando decisões sobre normas técnicas no nível de implementações detalhadas quanto em ter técnicos definindo a política corporativa. Tanto a tomada de decisões no nível de implementações como a política corporativa são necessárias; nenhuma basta sozinha.

2. *Ela permite que os gerentes tomem decisões com base numa visão de todos os riscos em seu nível da organização.* Riscos considerados altos numa pequena unidade comercial podem ser baixos para a empresa como um todo. Permitir que múltiplos níveis tomem decisões sobre riscos em seu próprio nível assegura que um conjunto mais amplo de riscos seja contemplado do que se todas as decisões forem tomadas em um nível só.

3. *Ela proporciona um caminho pronto para submeter disputas a instâncias superiores.* Se discórdias não puderem ser resolvidas para a satisfação de todos no ponto de origem, uma estrutura em multiníveis proporciona um caminho claro para o nível seguinte de autoridade.

4. *Ela aumenta a consciência da política e das normas em todos os níveis da organização.* A estrutura em multiníveis estimula a participação na governança do risco em todos os níveis administrativos da empresa, e, com a participação, vem a consciência (discutiremos a consciência do risco com detalhes no próximo capítulo).

Funções no Processo de Governança do Risco de TI

As estruturas organizacionais para a gestão do risco de TI incluem 5 funções organizacionais: o patrocinador executivo, o conselho de política do risco, o conselho de implementação, a equipe de gestão do risco de TI e peritos e gerentes locais. Cada uma tem uma responsabilidade importante, mas diferente (ver Figura 5-1). A sexta função, a de diretor de risco de TI, reúne as informações, a autoridade para tomar decisões e a perícia dos outros 5 papéis e é diretamente responsável pelos resultados. Vejamos cada uma das 6 funções.

Patrocinador executivo. O patrocinador executivo proporciona visão e apoio a partir do topo à política de gestão do risco de TI. Entre outras coisas, ele direciona a gestão de risco na empresa, assegurando que haja uma cultura de consciência do risco (ver capítulo 6) e que todas as partes responsáveis estejam desempenhando seus papéis no processo. O patrocinador, muitas vezes, participa de outras maneiras, como no conselho de política do risco, e atua usualmente como corte suprema para solicitações de exceção. A pessoa que desempenha o papel de patrocinadora na empresa é, muitas vezes, o COO, o CFO, o CIO (numa organização maior) ou o CEO (numa organização menor).

Conselho de política do risco. O conselho de política do risco inclui executivos do nível da empresa (entre eles, o CIO), o diretor de risco de TI e, em muitos casos, o conselho corporativo e o chefe de recursos humanos. Esse conselho define e avalia a política e a prioridade de riscos específicos no nível da empresa, aprova o custeio de programas e de iniciativas destinados a reduzir o risco e avalia exceções que não podem ser resolvidas em níveis inferiores.

Conselho de implementação. Um segundo conselho, o de implementação, consiste geralmente em gerentes do nível das unidades comerciais (incluindo os gerentes de TI) e se reporta diretamente aos membros do conselho executivo e ao diretor de risco de TI, que serve como elo-chave entre os conselhos. O papel desse conselho é implementar a política de gestão de risco por meio de normas e procedimentos técnicos e comerciais. Os membros também asseguram que os peritos e os gerentes operacionais locais realizem análises de risco periódicas de maneira consistente e priorizem os resultados dessas avaliações.

Equipe de gestão do risco de TI. O detalhado trabalho de fazer com que o processo de gestão do risco funcione compete à equipe de gestão do risco de TI

FIGURA 5-1

Estruturas organizacionais típicas no processo de governança do risco de TI

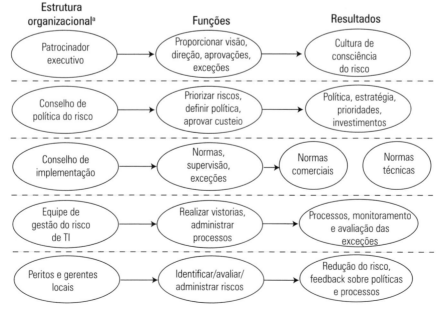

[a] O diretor de risco de TI é um elo-chave entre todas essas estruturas.

(GRTI). A equipe de GRTI se reporta ao diretor de risco de TI e recorre a analistas e peritos especializados, conforme a necessidade. Em firmas de pequeno e médio porte, essa equipe conta freqüentemente com o comprometimento em tempo parcial de indivíduos de todas as partes da organização. Em organizações maiores, é mais freqüente que ela seja uma equipe dedicada a isso. Mesmo em grandes companhias, é raro que inclua mais de uma dúzia de membros; não vimos nenhuma equipe com mais de 30 membros em tempo integral. A equipe de GRTI cria ferramentas e modelos para o uso em todos os níveis do processo de governança do risco; auxilia peritos e gerentes locais e avalia riscos; e considera novos projetos, procedimentos operacionais e aplicações instaladas em termos de sua conformidade com as políticas e normas da gestão de risco. Os membros determinam quando é necessário tomar atitudes e abrem processos para avaliar formalmente os pedidos de exceção, quando estes não puderem ser evitados ou imediatamente resolvidos. Também produzem as análises e os relatórios detalhados que as funções de nível superior utilizam para monitorar o status do programa de gestão do risco de TI.

Peritos e gerentes locais. São os peritos e gerentes locais que identificam, avaliam e administram riscos específicos em seu negócio ou em suas seções. Eles são peritos nas operações e nas futuras estratégias de suas unidades, e por isso estão na melhor posição para compreender que riscos precisam ser tratados. Essas pessoas identificam riscos em suas unidades e os priorizam de acordo com a política estabelecida pelos conselhos de risco e a equipe de GRTI. Eles administram pessoalmente os riscos de menor prioridade e reportam os de maior prioridade ao conselho de implementação. Os gerentes locais tipicamente resolvem a maioria dos riscos por conta própria, com a ajuda especializada da equipe de GRTI ou de outros peritos, segundo a necessidade.

Diretor de risco de TI. A pessoa responsável em última instância pelo processo de administrar o risco de TI (mas não por administrar riscos específicos) é o diretor de risco de TI. Num negócio grande e complexo, o cargo de gerente de risco provavelmente será em tempo integral; em organizações menores, pode ser em tempo parcial. O diretor de risco de TI costuma reportar-se diretamente ou ao CIO ou ao diretor de risco da empresa, mantendo uma relação mais indireta com os demais.[2] Ele providencia para que o processo de governança de risco inclua contribuições de peritos em múltiplas áreas operacionais, que o risco seja avaliado de vários pontos de vista e que um histórico de riscos seja estabelecido para permitir que a empresa acompanhe o progresso e as tendências.

Avaliamos várias listas em fóruns de gestão de risco para saber mais sobre as responsabilidades do diretor de risco de TI. Esses deveres incluem:

- administrar uma equipe de avaliadores de risco de TI;

- negociar, planejar e executar um plano de avaliação operacional da TI de acordo com o CIO;

- atuar com líderes de unidades comerciais para formular processos que tratem de riscos identificados de TI;

- administrar investigações especiais, auditorias de conclusão e outros projetos, segundo a necessidade;

- coordenar os esforços da gestão do risco de TI com equipes nos níveis corporativos e das unidades comerciais;

- reportar-se ao CIO e ao diretor de risco da empresa, segundo o requerido;

- determinar prioridades, registrar tarefas, delegar incumbências e monitorar cronogramas;

- estabelecer relacionamentos funcionais com líderes de unidades comerciais e com o conselho diretivo.

As mesmas fontes proporcionaram algumas idéias sobre as habilidades e a experiência necessárias para o cargo. Essas descrições do cargo incluem o seguinte:

- capacidade de entender riscos e controles práticos;

- pensamento estratégico e analítico;

- capacidade de entender questões legais e regulamentares complexas;

- modos pessoais discretos e profissionais;

- capacidade de transmitir questões complexas com clareza aos líderes das unidades comerciais;

- capacidade de liderar por meio da persuasão.

As Funções da Governança do Risco de TI na Prática

Cada função na estrutura de governança pode ser desempenhada por uma única pessoa, um comitê ou uma série de pessoas que trabalhem paralelamente sob a direção de um gerente responsável. A exceção é o diretor de risco de TI, que precisa ser uma só pessoa. Em empresas menores e menos complexas, funções de nível superior ou inferior podem ser combinadas num número menor de conselhos, mas deve-se tomar cuidado ao combinar os conselhos de implementação e de política – o conhecimento necessário para atuar efetivamente nesses papéis é muito diferente, e poucos funcionários podem ser eficientes em ambos.

Em algumas firmas, a gestão de risco é uma simples estrutura de coordenação de informações. Numa grande fabricante de produtos químicos, a diretora de risco corporativo (CRO) e sua equipe desenvolvem a política e os processos para administrar riscos na empresa como um todo, a mando do patrocinador executivo. A TI é uma das 25 unidades funcionais ou comerciais que participam do processo. Os funcionários e os gerentes médios de cada unidade desempenham o papel de gerentes e peritos locais, identificando riscos e avaliando-os segundo a política e os modelos proporcionados pela equipe de gestão de risco. Cada gerente ou perito local reporta riscos ao chefe da unidade, que é o responsável por administrar os 20 ou mais riscos operacionais de maior importância na unidade e comunicar os 5 maiores riscos à CRO. A CRO e a equipe de gestão de risco, em seguida, listam os 20 riscos de maior prioridade entre os que receberam e os apresentam ao conselho corporativo, que desempenha o papel de conselho executivo de risco (ver Figura 5-2).

A PFPC usava uma estrutura mais complexa para a gestão do risco de TI. O CIO Michael Harte assumiu o papel de patrocinador executivo e nomeou um representante, Kwafo Ofori-Boateng, como diretor de risco de TI.[3] Ofori-Boateng trabalhou, a princípio, em tempo integral para desenvolver e aprimorar o processo e a política de risco. Mais tarde, conforme o processo se estabilizou, ele pôde assumir responsabilidades adicionais que iam além da gestão de risco. Ele trabalhou com uma equipe de gestão de risco elasticamente definida em tempo parcial, a qual consistia em funcionários e gerentes de risco corporativo pertencentes e não-pertencentes à TI. O conselho executivo, que a PFPC chamava de Conselho de Gestão do Risco Tecnológico (TRMC) era composta de 7 subordinados de Harte, cada um dos quais era responsável por uma área central da gestão de TI – como operações, desenvolvimento de aplicações ou segurança – nos 10 segmentos comerciais da firma. O TRMC monitorava o progresso sobre o risco de TI e estabelecia prioridades para a gestão de risco em toda a empresa. Gerentes e funcionários de TI em toda a organização eram os gerentes e peritos locais que identificavam e resolviam riscos de TI em suas áreas. Na PFPC, a função do conselho de política era compartilhada pela equipe de gestão do risco de TI e pelo TRMC.

A Figura 5-3 mostra como as funções de gestão do risco de TI na PFPC se situam dentro de uma alçada mais ampla da gestão de risco da empresa e de sua controladora, a PNC Financial. O processo de risco de TI da PFPC integrava-se com seu processo de gestão do risco comercial, sendo este chefiado pelo gerente de risco comercial, que reunia o Comitê de Gestão de Risco empresarial sob o comando do CEO da PFPC. O risco de governança tecnológica na PFPC também trabalhava muito de perto com os mesmos processos na PNC Financial, o que consolidava a visão do risco entre suas subsidiárias.

FIGURA 5-2

A estrutura das funções de governança de risco numa indústria química

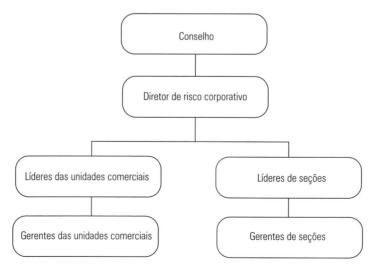

Fonte: © 2007 Centro de Pesquisas sobre Sistemas de Informação da MIT Sloan. Usado com permissão.

FIGURA 5-3

O triângulo de gestão do risco tecnológico na PFPC

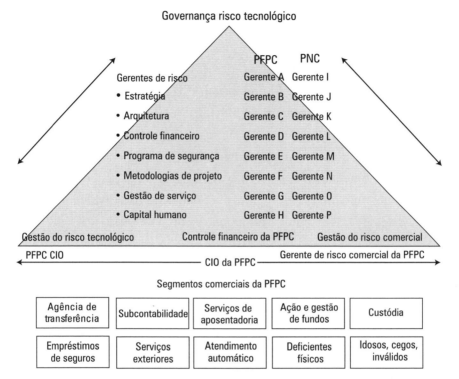

Fonte: George Westerman e Robert Walpole, "PFPC: Building an IT Risk Management Competency" ["A PFPC: criando competência na gestão do risco de TI"], documento 352, Centro de Pesquisas sobre Sistemas de Informação, MIT Sloan School of Management, Cambridge, MA. Usado com permissão.

Nota: os nomes dos gerentes foram removidos para proteger sua confidencialidade.

Tornar o risco de TI uma parte do processo de gestão do risco empresarial de uma organização é uma maneira efetiva de assegurar que os riscos de TI recebam a mesma atenção que os demais riscos comerciais. Quando os primeiros são identificados e avaliados em termos de seu impacto sobre os negócios, torna-se uma questão simples compará-los com o restante da lista da empresa, consolidar essas listas e estabelecer o nível de prioridade dos riscos de TI em relação aos outros. Numa grande companhia, não é incomum que os riscos de TI representem de 5 a 10 itens numa lista de 50 a 60 riscos empresariais.[4]

Passos no Processo de Governança do Risco de TI

Riscos são identificados e administrados por gerentes e peritos locais, ao passo que estes últimos são supervisionados pelo patrocinador executivo e pelos conselhos, sendo o processo como um todo administrado pelo diretor de risco de TI. Enfatizamos que o diretor de risco administra o processo, não os riscos. Disso decorre que ele precisa ser um gerente de perfil processual, e não um gerente técnico com grande perícia numa área específica de risco funcional.

A Figura 5-4 mostra os passos de um típico processo de governança do risco de TI. Esse processo é um ciclo constante com pontos de checagem periódicos, e não um esforço momentâneo. Os riscos evoluem com o tempo, conforme a empresa e seu ambiente mudam; as prioridades e a política de risco evoluem em resposta. Discutiremos a seguir cada um dos componentes do processo.

Definindo as Normas e a Política de Risco

A política define o que é ou não permissível ou exigido e que ações e atividades são necessárias para assegurar que todo o exigido seja feito e que o não-permissível seja proibido. As normas definem como a política será implementada. As políticas tendem a ser relativamente mais amplas do que as normas porque são, em parte, de-

FIGURA 5-4

Passos no processo de governança do risco de TI

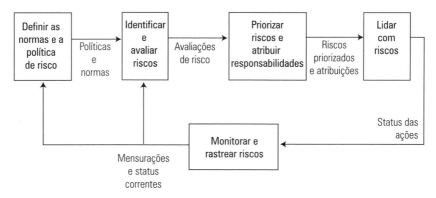

Fonte: © 2005, Gartner, Inc. Adaptado de Best Practices Council for IT Security Executives Report on IT Security Governance [Relatório do conselho de melhores práticas para executivos de governança de TI sobre a governança da segurança de TI], dezembro de 2005.

clarações de princípio (por exemplo, "a segurança e a privacidade de informações pessoalmente identificáveis serão protegidas segundo os mais rigorosos requisitos das nações com que fazemos negócio" e "informações [como sobre o cliente, o pedido ou a parte] serão registradas uma vez e usadas da mesma maneira para todos os processos comerciais"). As normas tendem a ser específicas porque são calculadas para orientar a implementação de processos, procedimentos, configurações de software e hardware, e assim por diante (por exemplo, "todos os computadores de mesa usarão o Windows XP Service Pack 2 com os seguintes serviços desativados" e "utilizaremos apenas as seguintes configurações para computadores de mesa e laptops").

A política ou as normas podem ser definidas consultando-se o acervo existente de conhecimento (como políticas-modelo e regulamentos gerais ou específicos da indústria, tal como a Gramm-Leach-Bliley nos serviços financeiros e a HIPAA nos serviços de saúde), arquiteturas técnicas específicas da empresa, e assim por diante. Políticas-modelo, como a ISO 17799 – uma política de segurança de informações padrão na indústria –, tendem a ser extremamente abrangentes e detalhadas, para dar conta de toda contingência possível. Empresas com necessidades prementes ou pouca paciência para detalhes têm mais a ganhar implementando seletivamente subconjuntos ou combinações de políticas-padrão da indústria concentradas nas vulnerabilidades mais críticas da empresa, como discutido no capítulo 3.

Identificando e Avaliando Riscos

Identificar e avaliar riscos é o núcleo de uma gestão de risco efetiva. Como observou Michael Harte, da PFPC, um risco desconhecido não pode ser administrado. O processo de identificar e avaliar riscos de TI é promovido em múltiplos níveis:

- gerentes e peritos individuais primeiro identificam e avaliam riscos existentes dentro de suas próprias esferas de controle, bem como aqueles riscos fora de suas esferas de controle que podem ter impacto em suas responsabilidades;
- grupos de gerentes e peritos comparam e avaliam juntos os riscos que identificaram e avaliaram individualmente, para gerar uma visão consolidada dos riscos em seu nível da empresa;
- em empresas grandes e complexas, os riscos podem ser consolidados e comparados novamente em níveis superiores.

Nas culturas avessas ao risco (como descritas no capítulo 6), gerentes e peritos podem achar mais fácil identificar riscos do que falar sobre eles. Um dos papéis do gerente de risco de TI é ajudar os funcionários envolvidos numa discussão sobre riscos a falar livremente — e conversas livres, para não dizer freqüentes, sobre o risco são um fator de sucesso para a gestão efetiva do risco. Nossos dados mostram que as empresas que administram o risco efetivamente realizam exercícios de identificação e avaliação em média 4 vezes por ano, ou quase 3 vezes mais do que as empresas menos efetivas. A maioria das empresas conscientes do risco constata que seus gerentes-chave passam de meio dia a um dia inteiro por trimestre identificando e avaliando riscos de TI.

Em geral, avaliar um risco consiste em definir seu potencial para causar danos à empresa. As perguntas pertinentes, portanto, tratam de probabilidade ("quão provável é que este tipo de incidente ocorra?") e impacto ("que danos sobreviriam se ele ocorresse?"). No que se refere ao risco de TI, a probabilidade de um incidente não pode ser avaliada adequadamente sem um pessoal de TI qualificado. Já o impacto pode ser mais bem determinado por um pessoal de negócios qualificado. Portanto, um processo de avaliação que não inclua funcionários tanto de negócios como de TI é fatalmente falho desde o início.

Não é preciso dizer que probabilidade e impacto variam muito de negócio para negócio — inclusive com relação ao mesmo risco —, devido à situação, às vulnerabilidades e às circunstâncias de cada empresa. Na maioria dos lugares, os riscos de disponibilidade em função de ameaças ambientais — como terremotos, incêndios, enchentes ou furacões — seriam razoavelmente tidos como de alto impacto, mas baixa probabilidade. Empresas de capital aberto que se vêem diante da necessidade de certificar seus dados financeiros em conformidade com a Sarbanes-Oxley usualmente consideram os riscos de precisão nos processos financeiros como de alto impacto, com a probabilidade correspondente variando segundo a idade e a qualidade dos sistemas e processos de apoio.

Algumas empresas estendem suas avaliações de probabilidade e impacto acrescentando fatores exclusivos de seus contextos. A Barnardo's, a maior instituição de caridade infantil do Reino Unido, adiciona um terceiro fator (a preocupação da gerência), como visto na Tabela 5-1, extraída de seu registro dos riscos de TI.[5] Esse fator serve explicitamente como "checagem instintiva" para trazer ao processo de avaliação a reação intuitiva e emocional dos gerentes a um risco — algo que, para a Barnardo's, é perigoso ignorar.

TABELA 5-1

O topo do registro de riscos de TI da Barnardo's em 2004

Nome do risco	Controles	Fraquezas	Pontos para ação	Probabilidade	Impacto	Preocupação	Fator de risco
Perda de dados ou comprometimento dos sistemas de TI	Rastreamento das mudanças pela auditoria	Falta de conhecimento do DPA	Treinar, educar no DPA	2	5	4	40
Violação grave da Lei de Proteção de Dados (DPA)	Defesa externa robusta dos sistemas de TI		Aumentar os controles internos (módulo de treinamento a ser preparado)				
Invasão dos sistemas	Controles de acesso/senha						
Acesso não autorizado	Política para senhas						

Fonte: Richard Hunter, George Westerman e Dave Aron, "IT Risk Management: A Little Bit More Is a Whole Lot Better" ["Gestão do risco de TI: um pouquinho a mais é um bocado melhor"], Relatório de Pesquisa (Stamford, CT: Gartner Executive Programs, fevereiro de 2005).

A probabilidade de um incidente de risco específico é muitas vezes a cifra mais difícil de estimar. Devido à novidade e à complexidade do risco de TI, os gerentes da área não dispõem das detalhadas informações atuariais que as companhias de seguro utilizam para apreçar outros tipos de risco. Entretanto, não é necessário nada tão acurado assim. Ainda que uma empresa tenha centenas de riscos de TI documentados, os gerentes de risco podem tratar daqueles poucos mais importantes, utilizando modelos ou outras ferramentas para desenvolver avaliações amplamente consistentes sem níveis atuariais de precisão.

Em geral, medidas simples e claramente definidas tanto da probabilidade como do impacto são adequadas para concentrar a atenção da empresa nos riscos mais importantes. Com freqüência, basta avaliar os riscos em categorias amplas de impacto e probabilidade, como alto, médio e baixo. Essa abordagem torna a avaliação dos riscos relativamente simples e permite que os mais significativos passem rapidamente ao topo. Consistência é fundamental. *Não* basta pedir às pessoas que apliquem um rótulo de alto/médio/baixo ao impacto ou à probabilidade, pois as percepções do significado e importância desses termos variam de pessoa para pessoa (recordem-se as diferentes prioridades de risco de George e Marilyn no parquinho). No mínimo, as empresas devem oferecer diretrizes sobre como classificar impacto e probabilidade, mesmo quando as categorias utilizadas forem aparentemente intuitivas.

As próximas duas figuras mostram exemplos de mecanismos simples e mais complexos de avaliação, utilizados por duas empresas que estudamos. Na Figura 5-5, a companhia química mencionada anteriormente define um risco como de "baixo impacto" se ele afetar menos de 5% do capital de giro (qualquer que seja o nível corporativo examinado), de "alto impacto" se afetar mais de 10% do capital de giro e de "médio impacto" se ficar entre um e outro. A companhia avalia um risco como de "alta probabilidade" se um incidente tiver 50% de chances de ocorrer dentro de 1 ano, de "baixa probabilidade" caso não prometa ocorrer dentro de 5 anos e de "média probabilidade" se ficar entre um e outro. Note-se que, para fins meramente explicativos, sobrepusemos aqui um conjunto de riscos de acesso extraídos de uma grande firma de alta tecnologia em 2002. Os mapas de risco reais enumerariam riscos em todos os itens dos 4A.

Se métodos mais rigorosos forem necessários, as firmas podem usar listas de checagem e diagnósticos para padronizar o processo de avaliação de risco. Note o esquema classificatório utilizado pelo TD Banknorth, retratado na Figura 5-6. Esse esquema é relativamente complexo, mas claramente definido e direto o bastante para ser aplicado com rapidez. Embora o esquema não proporcione estimativas precisas de impacto e probabilidade, o diretor de risco do TD Banknorth, Tom Prince, acredita que ele identifica com precisão os níveis relativos de impacto e probabilidade de cada risco.[6]

Em suma, abordagens simples para quantificar a probabilidade e o impacto produzem avaliações efetivas dos riscos de TI. Acima de tudo, a avaliação de risco é uma previsão, e não faz sentido quantificar uma previsão com até 3 casas decimais quando as variáveis envolvidas são elas próprias numerosas e difíceis de quantificar acuradamente.[7]

FIGURA 5-5

Mapa de risco que mostra critérios amplos e bem especificados para avaliar impacto e probabilidade

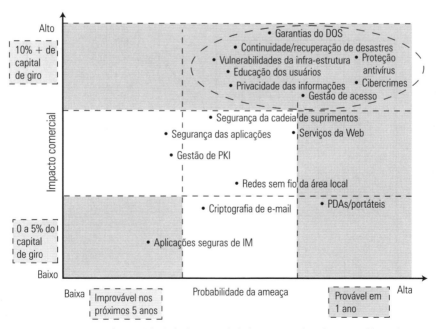

Nota: os riscos vistos aqui são um subconjunto limitado de uma unidade de segurança das informações. Mapas de risco reais incluiriam um conjunto completo de riscos para todos os itens dos 4A.

Fonte: © 2007 Centro de Pesquisas sobre Sistemas de Informação, da MIT Sloan. Usado com permissão.

FIGURA 5-6
Uma abordagem à avaliação do risco de TI com base em escalas diagnósticas

Categoria de impacto do risco	Classificação	Peso	Grau de impacto ponderado
Área de serviço afetada	8	1	8
Importância para funções comerciais	4	1	4
Impacto sobre o cliente	4	3	12
Impacto financeiro	2	3	6
Sensibilidade dos dados	2	2	4
TOTAL (grau de IMPACTO do risco)			34

Categoria de probabilidade do risco	Classificação	Peso	Grau de probabilidade ponderada
Dificuldade de exploração	8	3	24
Número de pontos de entrada	2	2	4
Localização requerida	4	1	4
Velocidade de detecção	4	1	4
Resposta planejada	4	3	12
TOTAL (grau de PROBABILIDADE do risco)			48

Mensuração	Critério	Classificação
Funções de alta importância	As funções comerciais não podem ficar desativadas por mais de 4 horas.	8
Funções de média importância	As funções comerciais podem ficar desativadas por mais de 4 horas, mas menos de 24.	4
Funções de baixa importância	As funções comerciais podem ficar desativadas por 24 horas ou mais.	2

Fonte: © 2007 Centro de Pesquisas sobre Sistemas de Informação da MIT Sloan. Adaptado de documentos do TD Banknorth. Usado com permissão.

Uma questão recorrente em avaliações é o que fazer quanto a riscos extremamente improváveis, mas de imenso impacto, caso venham a se concretizar — como a queda de um prédio, a perda de disponibilidade resultante de um derramamento químico ou de uma enchente ou um ataque terrorista. Multiplicar uma probabilidade zero ou quase zero por um potencial substancial para danos resulta em uma avaliação que situa o risco em zero ou quase zero numa escala combinada. Mas, se for ignorado, o risco pode custar caro para a empresa.

Uma abordagem efetiva para lidar com riscos de tão baixa probabilidade é eliminar a probabilidade do cálculo, avaliar a importância do risco com base no impacto e fazer uma análise de custo-benefício das opções para administrá-lo. Essa abordagem não torna mais fácil saber quando esses riscos ocorrerão, se é que ocorrerão, mas possibilita à empresa saber se há ou não opções econômicas para priorizá-los e administrá-los.

Muitas empresas dão um último passo comparando as avaliações dos gerentes individuais com as opiniões de seus pares, usualmente por meio de discussões em grupo ao vivo. Essa é uma boa maneira de garantir que as avaliações sejam abrangentes e razoáveis e, com isso, proporcionem uma base relevante para decisões.

Priorizando Riscos e Atribuindo Responsabilidades

Priorização e avaliação não são a mesma coisa, embora riscos avaliados como de alto impacto e/ou alta probabilidade tendam, na maioria dos casos, a figurar igualmente no topo da lista de prioridades. A natureza de um risco – em termos do que está realmente *em risco* – e a capacidade da empresa de administrá-lo efetivamente a um custo razoável podem afetar seu grau de prioridade, juntamente com outras prioridades e limitações da empresa. À priorização segue-se a atribuição de responsabilidade a alguém por lidar com o risco mediante sua mitigação, evitação, aceitação ou transferência.

A priorização deve ser responsabilidade do nível relevante da administração da empresa. A responsabilidade por administrar o risco pode ser delegada; a responsabilidade pela priorização não pode. Essa é outra razão pela qual os riscos de TI devem ser descritos em termos das conseqüências comerciais, começando idealmente com o modelo 4A.

Lidando com os Riscos

Cada risco pode ser administrado de 4 maneiras combinadas: redução, evitação, transferência (como por meio de seguros ou parcerias) ou aceitação. Na maioria dos casos, a forma preferida de lidar com um risco de TI é reduzir sua probabilidade (por exemplo, melhorando o alicerce) ou seu impacto (por exemplo, fazendo planos para a recuperação manual num plano de continuidade dos negócios). Muitos riscos de TI associados com a precisão são inevitáveis em termos regulamentares; riscos associados com o acesso ficam cada vez mais perigosos, por isso não podem ser aceitos e é difícil transferi-los; riscos associados com a agilidade não podem em geral ser transferidos, mas também não podem ser aceitos nem evitados pela maioria das empresas.

Como descrito na Introdução, a Comair não tinha um plano de contingência para o caso de falhas em seu sistema de escalação da tripulação e, com isso, aceitou na prática um risco de baixa probabilidade, mas de impacto potencialmente desastroso.[8] Dado que o potencial impacto de uma falha no sistema de escalação, independentemente da probabilidade, era muito alto, a Comair teria a ganhar com um plano que reconhecesse o impacto e descrevesse contingências. Em outras palavras, a aceitação só é uma opção quando você compreende o pior que pode ocorrer e está preparado para viver com as consequências, independentemente da probabilidade.

Nossos dados nos dizem que concentrar-se em vulnerabilidades é mais efetivo para reduzir os riscos do que concentrar-se em ameaças. Na verdade, de 9 tipos específicos de ameaças que examinamos em nossa pesquisa, nenhum demonstrou uma relação estatisticamente significativa com o aumento do risco, embora muitas vulnerabilidades o tenham feito. No melhor dos casos, a empresa pode fazer pouco para controlar ameaças, especialmente as externas, mas muito para controlar vulnerabilidades. Concentrar-se em vulnerabilidades reduz a tendência de a empresa reagir ao que é aparentemente mais urgente – como ameaças reportadas em jornais de ontem – e ajuda-a, em vez disso, a agir para reduzir vulnerabilidades que podem ser exploradas por todos os tipos de ameaça. Nenhum país pode controlar o nível do mar, mas os países podem construir diques para reduzir a vulnerabilidade de suas terras às águas altas; nenhuma empresa pode controlar um mar de hackers externos, mas as empresas podem tapar aquelas brechas em seu dique de redes que os hackers poderiam de outro modo explorar.

Em suma, as vulnerabilidades, e não as ameaças, são a raiz da alta exposição ao risco, e é melhor se concentrar na raiz.

Monitorando e Rastreando Riscos

Monitorar e rastrear riscos significa observar e registrar tanto a efetividade dos planos e políticas de gestão de risco como os efeitos de circunstâncias internas e externas sobre os riscos administrados. Também significa monitorar indicadores-chave de risco que mensuram as condições associadas com os 4A: a disponibilidade (como a consistência das configurações de hardware e software, as ligações para o *help desk* ou os volumes de transação), o acesso (como a rotatividade dos funcionários), a precisão (como a pontualidade e a precisão dos relatórios) e a agilidade (como a porcentagem de projetos concluídos dentro do prazo e do orçamento). As funções dos sistemas de monitoramento podem freqüentemente ser desempenhadas de maneira automática pelos sistemas de suporte a processos; por exemplo, dados sobre quão vulnerável a ataques é a rede de uma empresa podem ser reunidos automaticamente pelo software utilizado para repelir ataques. Na maioria das empresas, porém, o monitoramento inclui procedimentos e processos postos em prática por seres humanos – equipes de pessoal técnico e comercial que inspecionam regularmente sistemas e processos comerciais em busca de vulnerabilidades e da observância da política e das normas.

A TeliaSonera, a principal companhia de telecomunicações nas regiões nórdica e báltica, faz um rodízio das vistorias mensais de segurança das aplicações entre as unidades comerciais, para todos os processos existentes e sistemas de apoio e para todos os sistemas em desenvolvimento.[9] Cada vistoria é planejada e aprovada pelo Conselho de Segurança de TI (o conselho de implementação, segundo a estrutura de governança do risco de TI) e anunciada com grande antecedência, juntamente com as perguntas que serão feitas e as pessoas que serão entrevistadas. O líder de vistorias seleciona os membros da equipe, que sempre inclui um representante da unidade comercial detentora da aplicação ou do processo a ser inspecionada.[10]

As vistorias da TeliaSonera procuram antes a cooperação e a consciência do que a descoberta de falhas. "Fazemos recomendações de melhores práticas, que [as unidades comerciais] podem seguir ou não", diz Toni Bekker, gerente sênior corporativo de risco de TI. "Nossas melhores práticas vêm, com freqüência, dos setores onde encontramos excelência, que, então, propagamos por toda a empresa. Quando encontramos falhas, acertamos com o proprietário o prazo necessário para corrigi-las. Tudo está sempre certo na segunda vez."[11]

A Figura 5-7 mostra a estrutura de um processo de vistoria como o da TeliaSonera. Um "evento desencadeador" é qualquer coisa que leve a equipe de risco a iniciar uma vistoria. Isso inclui eventos como um indicador-chave de risco que atinja um nível alarmante, uma vistoria de sistema agendada regularmente (ou aleatoriamente), a devida diligência para uma aquisição potencial, a investigação de um novo parceiro ou fornecedor (ou a avaliação de um já existente), uma vistoria de "portaria" de uma aplicação em desenvolvimento atual ou qualquer outra coisa que indique que a empresa precisa examinar vulnerabilidades, verificar a observância ou reavaliar o risco.

O que uma empresa decide monitorar de maneira detalhada *primeiro* depende em muito de sua avaliação do risco. Idealmente, as empresas deveriam rastrear o impacto de toda queda no sistema, de toda invasão por hackers, de todo caso de prejuízos devidos a dados imprecisos, de todo funcionário que deixa o trabalho e de qualquer outro incidente (como a conclusão ou o cancelamento de um projeto) com conseqüências de risco. De início, para concentrar esforços e energia onde eles mais importam, é mais útil desenvolver indicadores para os riscos de prioridade máxima, vincular esses indicadores diretamente ao desempenho comercial (como

FIGURA 5-7

Passos num típico processo de vistoria de riscos

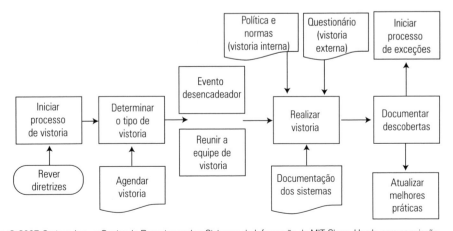

Fonte: © 2007 Gartner, Inc., e Centro de Pesquisas sobre Sistemas de Informação da MIT Sloan. Usado com permissão.

ao uptime da central de atendimento, em vez de ao uptime da rede) e expandir o conjunto de indicadores conforme esses riscos forem sendo mais bem controlados. Com o tempo, em vez de fazer repetidamente avaliações detalhadas de todos os riscos, as firmas podem mudar para a atualização incremental da situação dos riscos existentes, juntamente com a avaliação bem direcionada de novos riscos.

A PFPC, por exemplo, monitora a rotatividade dos funcionários da TI. Se for muito baixa, os executivos de TI avaliam se não deveriam estimular mais pessoas a sair. Se a rotatividade exceder um patamar crítico, eles avaliam como mudar as políticas ou os níveis salariais para evitar a perda de habilidades-chave. A PFPC também acompanha a base geral de habilidades de seus funcionários de TI para garantir que ela contrate as habilidades corretas para o futuro e não perca habilidades críticas para manter o negócio funcionando direito agora. Como a disponibilidade é fundamental para a proposta de valor da PFPC, a empresa também acompanha o desempenho de sua infra-estrutura, as ligações de alta gravidade para o *help desk* e o desempenho de cada fornecedor de desenvolvimento de aplicações. Nenhum desses itens constitui um perfeito indicador de risco, mas, juntos, eles conseguem revelar ativos, projetos ou unidades comerciais específicas em que o risco pode estar aumentando. A Figura 5-8 mostra um exemplo do painel de monitoramento e relatórios de risco de TI utilizado pela PFPC.

Além de melhorar o processo de avaliar e priorizar riscos, o monitoramento proporciona um importante feedback sobre a eficiência da política e das normas. Se ele detectar que certas políticas ou normas estão sendo freqüentemente violadas, o problema pode ser a política ou a norma – e não o comportamento do pessoal da TI ou da unidade comercial.

Cinco Práticas-chave para um Processo de Governança do Risco de TI Efetivo

Nossa análise das pesquisas identifica 5 práticas que as empresas podem usar para melhorar seu processo de governança de risco. As empresas que utilizavam cada uma dessas práticas declararam níveis significativamente maiores, do ponto de vista estatístico, de confiança em suas capacidades de gestão de risco, e menor probabilidade de estarem ignorando riscos importantes. Essas práticas de governança de risco não custam muito mais do que práticas aleatórias e garantem a consistência do processo, a prestação de contas necessária para administrá-lo e monitorá-lo e um mecanismo para aprimorá-lo com o tempo. Algumas dessas 5 práticas já foram descritas; vamos enumerá-las aqui para enfatizar sua importância:

FIGURA 5-8

O painel de risco da PFPC

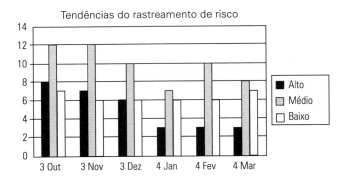

Riscos por classificação		Classificação		
Nº de questões em aberto	Total	Alto	Médio	Baixo
Começo do mês	19	3	10	6
Novos riscos	3	1	0	2
Riscos encerrados	4	1	2	1
Classificação de risco melhorada	0	0	0	0
Classificação de risco declinante	0	0	0	0
Fim do mês	18	3	8	7

							Meses			
	Categoria de risco	Proprietário	Total	Menos de 1	1-2	2-3	3-6	6-9	9-12	Mais de 12
Envelhecimento do risco	Arquitetura	Gerente A	2					1	1	
	Controle financeiro	Gerente B	2		1			1		
	Capital humano	Gerente C	1				1			
	Operações	Gerente D	6		2				1	3
	Gestão de projetos	Gerente E	1		1					
	Segurança	Gerente F	6	2	1				1	2
	Estratégia	Gerente G	0							
		Total	18	2	5	0	1	4	6	0

Fonte: George Westerman e Robert Walpole, "PFPC: Building an IT Risk Management Competency" ["A PFPC: criando competência na gestão do risco de TI"], documento 352, Centro de Pesquisas sobre Sistemas de Informação, MIT Sloan School of Management, Cambridge, MA. Usado com permissão.

Nota: os nomes dos gerentes foram removidos para proteger sua confidencialidade.

1. *Nomear uma única pessoa encarregada do processo.* Como líder da equipe de gestão do risco de TI, o diretor de risco de TI concebe e dirige o processo de gestão de risco – definindo a política, identificando riscos, priorizando-os, administrando-os e rastreando-os –, mas não administra riscos específicos. Ao responsabilizarem uma única pessoa pelo processo, as empresas efetivas adquirem um claro enfoque na gestão do risco de TI e um mecanismo para melhorias contínuas.

2. *Identificar categorias formais de risco.* Um pequeno, mas abrangente, conjunto de categorias bem definidas para os riscos de TI e os fatores de risco melhoram o processo de gestão do risco de duas maneiras. Primeiro, as categorias e suas definições servem como lista de checagem para ajudar peritos locais a identificar e avaliar riscos. Segundo, elas ajudam os níveis superiores da organização a priorizar e monitorar riscos agrupando riscos similares por toda a empresa; é um passo útil antes de comparar riscos entre categorias. Recomendamos empregar os 4A como base para uma categorização de alto nível. Algumas empresas podem adicionar uma ou mais categorias, se necessário, para suas circunstâncias particulares.

3. *Crie um registro de risco.* Um registro do risco de TI historia e rastreia todos os riscos da TI. No mínimo, o registro identifica o nome, a descrição, a categoria e o proprietário do risco, bem como seu potencial impacto e sua probabilidade. Ele também acompanha quaisquer ações planejadas para lidar com o risco e se tem havido algum progresso. Algumas empresas rastreiam ainda elementos de riscos adicionais, incluindo os recursos de TI, os processos comerciais e as unidades organizacionais afetadas pelo risco; a data esperada para a resolução; e a situação atual. As empresas podem usar ferramentas caras dedicadas a rastrear essas informações, mas elas não são de modo algum obrigatórias. Vimos ferramentas tão simples como planilhas e processadores de texto sendo usadas nesse processo, pelo menos nos estágios iniciais. O importante é ser capaz de rastrear riscos nos níveis certos de detalhe e comparar todos, ou certos tipos de risco, dentro de uma unidade organizacional ou por toda a empresa. A Tabela 5-2 mostra um excerto da seção referente à rede de comunicações no registro de risco da PFPC.

TABELA 5-2

Excerto do registro de risco de TI da PFPC

Questão de risco	Tipo de risco	Descrição do risco	Detentor do risco	Classificação	Situação do projeto	Data-alvo	Número do projeto	Gerente do projeto	Comentários
Problemas com o desempenho do registro de chamadas na Bellevue 103 e 400	Desempenho	Problemas de desempenho com os atuais sistemas Verint e NiceLogger afetando 2 LOBs (ou seja, registros perdidos)	Gerente A	Alto	Não iniciado	A definir	A definir	A definir	A NWS apresentou propostas para atualizações do sistema para os 2 LOBs. Aguardando decisão sobre os LOBs
Criptografia dos circuitos de LAN na Lynnfield	Segurança	A criptografia da Lynnfield para os circuitos Summit WAN não atende aos padrões PCN para o 3DES	Gerente B	Alto	Não iniciado	A definir	A definir	A definir	Relativo a item de risco nº 3: equipamento de rede de EOL em Lynnfield. Aguardando decisão imediata sobre o LOB para remediar

Fonte: George Westerman e Robert Walpole, "PFPC: Building an IT Risk Management Competency" ["A PFPC: criando competência na gestão do risco de TI"], documento 352, Centro de Pesquisas sobre Sistemas de Informação, MIT Sloan School of Management, Cambridge, MA. Usado com permissão.

4. *Desenvolver métodos consistentes de avaliar o risco.* Avaliações consistentes e quantificadas do impacto e da probabilidade do risco aumentam a capacidade da firma de comparar e priorizar riscos de maneira global. Discutimos essa prática com detalhes mais acima neste capítulo; só queremos enfatizar aqui que basta uma abordagem consistente, que utilize critérios amplos mas claramente definidos, para revelar os riscos que mais importam.

5. *Usar melhores práticas especializadas.* As melhores práticas da indústria e dos fornecedores – como configurações recomendadas de softwares, atualizações diárias de vírus e controles internos padronizados – estão muitas vezes disponíveis por intermédio de especialistas na indústria e associações comerciais. Essas práticas permitem que gerentes de risco implementem de modo confiável uma linha básica de proteções contra risco "boas o bastante" em áreas padronizadas, eliminando vulnerabilidades que de outro modo criariam um alto nível de risco no plano de fundo. Os gerentes de risco podem, então, se concentrar em circunstâncias únicas que exigem atenção especial.

Nossos dados nos dizem que essas 5 práticas têm impactos estatisticamente significativos em todas as categorias do risco, quase que de maneira geral. Os dados de nossa pesquisa mostram que de 1/3 a metade das empresas *deixava* de implementar pelo menos uma dessas melhores práticas – de modo que há muito espaço para melhoria em muitas empresas (ver a Figura 5-9 para a prevalência de certas práticas.) Devemos enfatizar aqui que essas práticas não podem substituir um processo bem administrado de governaça de risco; só podem melhorar um processo já existente. Um processo robusto é essencial para concentrar no risco de TI a atenção da gerência e a consciência organizacional e para garantir que a firma esteja tomando providências quanto aos riscos mais importantes.

FIGURA 5-9

Adoção de práticas-chave para o processo de governança de risco de TI

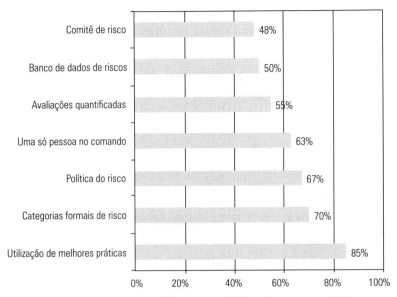

Fonte: © 2007 Centro de Pesquisas sobre Sistemas de Informação da MIT Sloan. Usado com permissão.

Nota: as barras representam as porcentagens de organizações estudadas que declararam seguir uma prática consistentemente.

Implementando o Processo de Governança do Risco de TI na PFPC

A experiência da PFPC em introduzir a governança do risco de TI demonstra tanto o valor como o esforço envolvidos na adoção de novos processos para essa governança. Foi necessária a liderança do CIO Michael Harte e de outros gerentes de TI para inculcar o processo em suas unidades e suas contrapartidas comerciais, e foi necessário que os executivos seniores das unidades comerciais estimulassem seu pessoal a tomar parte nas vistorias e nos processos de gestão de risco da TI conforme a necessidade.[12]

Para iniciar o processo, o diretor de risco de TI da PFPC adaptou processos de gestão do risco empresarial da controladora, a PNC Financial. O processo exigia que cada um dos 7 representantes do CIO identificasse riscos em suas áreas e nas unidades comerciais da firma. Esses riscos foram historiados num registro de riscos (um fragmento do qual é visto na Tabela 5-2), a partir do qual o diretor de risco compilou relatórios para Harte, para o Conselho de Gestão do Risco Tecnológico e para o Comitê de Risco Empresarial da firma.

O processo não funcionou bem no início. A primeira iteração identificou mais de 300 riscos. Como disse um executivo de TI: "Há detalhes demais. Estamos sobrecarregando Michael Harte e, como resultado, ele vai para as reuniões corporativas de risco sentindo-se despreparado para lutar por uns poucos riscos essenciais". Também havia problemas de consistência e motivos, levando alguns gerentes de TI a identificar muito poucos riscos, ao passo que outros identificavam dúzias.

O que acontecia é que algumas pessoas relutavam em enumerar seus riscos, pois consideravam a gestão de risco uma parte de suas responsabilidades; reportar um risco que o próprio gerente poderia resolver significava incomodar o CIO com informações com as quais ele não tinha de se preocupar. Outros preferiam usar o processo de gestão de risco como substituto das detalhadas listas de problemas necessárias ao gerenciamento de projetos ou fornecedores. Outros, ainda, pareciam usar o exercício de identificação de riscos para propósitos políticos; um gerente poderia tentar melhorar sua imagem reportando poucos riscos em sua área, ou sujar a imagem de um fornecedor de outra unidade reportando muitos riscos relativos à área do fornecedor ou da unidade.

Com o tempo, a equipe sênior de Harte desenvolveu definições consistentes de riscos altos, médios e baixos e consolidou riscos que ocorriam em múltiplas aplicações ou unidades comerciais. Também melhorou os processos de governança para identificar riscos cedo e estimular abordagens alternativas de baixo risco nas decisões sobre tecnologia.

Além de melhorar a consistência das avaliações e a priorização dos riscos, os gerentes de TI da PFPC também melhoraram a identificação e o monitoramento. A cada mês, o diretor de risco de TI pedia aos líderes de TI que revissem sua situação de risco e preparava relatórios atualizados (como os mostrados na Figura 5-8). Harte analisava esses relatórios em suas reuniões com a administração sênior, para certificar-se de que conhecia os riscos mais importantes e de que sua equipe estava concentrada em reduzi-los. A unidade de TI também começou a monitorar os indicadores-chave de risco, como a rotatividade do pessoal e as ligações para o *help desk*, como alertas precoces de riscos potenciais. A equipe de TI passou a fazer esforços proativos para aprimorar áreas (como as habilidades dos funcionários e o gerenciamento dos fornecedores) com potencial para gerar sérios riscos de disponibilidade, acesso, precisão ou agilidade no futuro.

Conforme os processos de governança do risco de TI amadureceram, a PFPC começou a embutir a gestão de risco em todos os seus processos de gestão da TI. Por exemplo, a empresa adicionou passos ao novo processo de aprovação de projetos para identificar possíveis riscos operacionais e de realização dos projetos (ver áreas incluídas em linhas tracejadas na Figura 5-10). Projetos que não seguissem os padrões da empresa ou que pudessem requerer suporte extra na central de atendimento eram identificados desde cedo, e os patrocinadores de projeto eram estimulados a modificar seus planos para reduzir o risco.

Embutir a gestão de risco nos processos de gestão da TI teve vários benefícios. Estimular os gerentes a seguir normas e a escolher decisões técnicas de baixo risco evitou que novos projetos de TI agravassem inadvertidamente o perfil de risco da empresa. Identificar exceções cedo preparou a firma para projetos não padronizados e estimulou os gerentes a perguntar-se se a política deveria mudar. Fazer com que os gerentes pensassem em todos os aspectos do risco ao solicitarem novos projetos promoveu a consciência, entre os patrocinadores dos projetos, das condições que ocasionavam alto risco. E saber quais projetos afetariam um ativo de TI específico permitiu que os gerentes de arquitetura se aproveitassem de projetos existentes para simplificar gradualmente o alicerce.

Passados 15 meses, o número de riscos ativos havia diminuído 10 vezes, Harte e sua equipe tinham um enfoque mais claro nos riscos de maior importância para a empresa e esta havia sido aprovada em sua primeira auditoria específica de TI pelo Federal Reserve. A governança do risco de TI estava se tornando uma parte estabelecida de fazer negócios, em vez de uma responsabilidade burocrática adicional. Os executivos de negócio e suas contrapartidas de TI começavam a entender que normas e processos de governança não apenas reduziam o risco como melhoravam a efetividade da organização e dos ativos de TI da firma – em outras palavras, eles começavam a enxergar o valor de negócio da gestão do risco de TI.

Um claro indício da apreciação comercial do valor da gestão do risco de TI surgiu quando a organização de vendas começou a levar Harte em suas visitas para demonstrar a clientes prospectivos as capacidades da firma para a gestão do risco de TI. Nem todos os CIOs podem esperar uma atenção similar dos clientes para seus processos de gestão do risco de TI, mas outros benefícios, expostos mais acima, são claros.

Desenvolvendo o Processo de Governança de Risco | 123

FIGURA 5-10
Gestão de risco incorporada na gestão de demanda de TI da PFPC

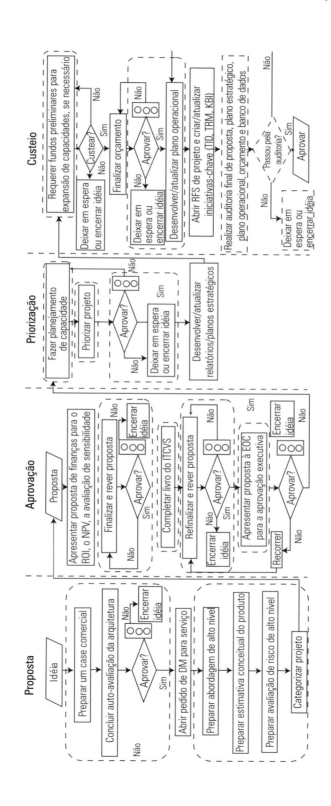

Fonte: George Westerman e Robert Walpole, "PFPC: Building an IT Risk Management Competency" ["A PFPC: criando competência na gestão do risco de TI"], documento 352, Centro de Pesquisas sobre Sistemas de Informação, MIT Sloan School of Management, Cambridge, MA. Usado com permissão.

Um processo é essencial para enfocar os riscos de TI de maior importância. A consciência e um argumento sólido não podem, por si só, gerar o entendimento necessário para orientar as decisões executivas. Sem um processo, não há meios de reunir repetidamente pessoas de todas as partes da firma para descobrir como é realmente o tamanho do risco, já que as condições mudam e o perfil de risco da empresa muda com elas. Embora o rigor e o peso burocrático do processo possam diferir entre empresas, todas elas precisam de um processo competente que ajuste as práticas listadas neste capítulo ao contexto da empresa.

Nosso próximo capítulo descreve a terceira disciplina de gestão do risco: a consciência do risco.

Seis

Criando uma Cultura de Consciência do Risco

Há não muito tempo, Richard visitou os escritórios da Chevron Phillips Chemical em Houston, Texas. Ele ouviu a primeira mensagem de segurança da companhia ao adentrar o estacionamento e ser informado, por um guarda, de que a velocidade-limite era de 15 quilômetros por hora. O guarda ainda disse a Richard: "Queira tomar cuidado". Richard avistou dois cartazes de segurança antes de chegar ao balcão de recepção, e outros mais pelas paredes por toda parte aonde foi.

Ele mencionou as mensagens de segurança a seu anfitrião, que confirmou que a segurança era, de fato, uma prioridade na Chevron Phillips Chemical. Richard soube que havia um tema de segurança todos os meses e que os funcionários recebiam rotineiramente todos os tipos de informação, em formatos que iam desde discussões ao vivo até memorandos e e-mails, sobre como lidar com os riscos de segurança associados àquele tema.

"Qual o tema deste mês?", perguntou Richard.

"Cuidado com cobras venenosas", disse o anfitrião.

A cultura da Chevron Phillips Chemical é obviamente voltada à segurança. Há boas razões para isso. Os materiais que os funcionários manipulam são voláteis e perigosos, e um erro ou acidente pode causar muitos estragos rapidamente. E, além de tudo isso, havia cobras venenosas na vizinhança.

É importante saber desses riscos e difundir o conhecimento. Não se pode esperar que pessoas que não identificam uma ameaça ou vulnerabilidade quando a vêem protejam a si mesmas ou à empresa. A ChipCo (como descrito no capítulo 3) tem um alicerce de TI seguro e belamente estruturado. Isso não impediu, entretanto, que um engenheiro da fábrica comprometesse potencialmente a rede da ChipCo ao instalar uma placa de wireless em seu PC de mesa, infringindo as políticas de segurança da companhia ao proporcionar, inadvertidamente, um meio de os hackers penetrarem a rede da companhia a partir do estacionamento da fábrica. O Pew Internet & American Life Project declarou, em fevereiro de 2005, que nos 12 meses anteriores, 35% dos americanos online haviam sofrido um ataque de "*phishing*" via e-mail; o Pew estimou ainda que 2% dos americanos online, ignorando os perigos do *phishing* ou os meios de identificá-lo em meio ao lixo eletrônico, responderam inadvertidamente a esses e-mails perigosos.[1]

A falta de consciência dos riscos causa vazamentos em todo o alicerce e compromete a eficiência do processo de governança do risco. Sem consciência, as empresas não podem evitar riscos; só podem sofrer as conseqüências. A cultura de consciência do risco não é apenas uma cultura que possui um conhecimento generalizado a respeito de riscos e soluções. Ela tem certas características distintivas, começando com um alto grau de "segurança psicológica" – a liberdade de tratar das coisas sem receios de retribuição – no que se refere a discussões dos riscos.[2] Quando uma cultura tem consciência do risco, as pessoas sabem que riscos correm, sentem-se à vontade para discuti-los com outras pessoas e se dispõem a ajudá-las a resolver esses riscos. As pessoas, numa cultura dessas, têm a capacidade de enfrentar e aprender com falhas administradas (como distintas de falhas por descuido), o que melhora o desempenho com o tempo, e de compartilhar riscos e lidar com eles em equipe.

Uma Cultura Avessa ao Risco Está Longe de Ser Livre do Risco

A cultura avessa ao risco é aquela em que os indivíduos têm um baixo grau de segurança psicológica no que se refere à gestão do risco. Para ser preciso, eles têm medo não apenas dos riscos, mas também da desaprovação ou censura alheia no que se refere a riscos. Numa cultura avessa a riscos, as pessoas evitam automaticamente tomar atitudes capazes de ocasionar riscos, sem perguntar se os riscos podem ser controlados ou se valem as potenciais recompensas. Falhas e comportamentos arriscados são publicamente punidos como um exemplo aos outros (ver Figura 6-1).

A cultura avessa ao risco não evita realmente riscos: ela evita a discussão, a consciência e a compreensão do risco. O risco está sempre presente, de forma reconhecida ou não, mas uma cultura avessa ao risco se recusa a encará-lo. O mesmo tipo de falha acontece de novo e de novo, pois não há oportunidades de absorver as lições que acompanham as falhas. Em vez de gerar soluções para situações arriscadas, as pessoas evitam a responsabilidade e buscam bodes expiatórios. Nessa cultura, a evitação do risco não é uma escolha ou estratégia. É um reflexo.

Uma Cultura de Consciência do Risco Começa pelo Topo

As culturas organizacionais não mudam sozinhas da aversão para a consciência do risco. Os peritos em gestão da mudança organizacional geralmente concordam que os executivos seniores, por suas palavras e atos, definem a cultura dominante

---

FIGURA 6-1

Culturas avessas ao risco e conscientes do risco

Cultura avessa ao risco:	Cultura consciente do risco:
• Evita discussões sobre o risco	• É normal falar sobre o risco
• Evita a responsabilidade pelo risco	• É normal correr riscos
• Não há rastreamento ou análise de fracassos ou sucessos	• É normal falhar (desde que haja administração apropriada)
• Não consegue aprender com os erros; altos índices de repetição de falhas	• Sucessos e fracassos rastreados e analisados
• Orçamentos inchados, cronogramas prorrogados, excessos de custo-surpresa	• Aprendizado e melhorias contínuos para os processos-chave
• Os gerentes atribuem culpa, não compartilham o risco	• Orçamentos realistas e cronogramas continuamente monitorados
• A empresa é incapaz de lidar com riscos importantes	• Gerentes compartilham ativamente os riscos e sua gestão
	• A empresa consegue lidar com grandes riscos

Fonte: © 2007 Centro de Pesquisas sobre Sistemas de Informação da MIT Sloan e Gartner, Inc. Usado com permissão.

da empresa. Executivos que desejem criar uma empresa consciente dos riscos enfrentarão decisões difíceis, e precisam pensar em suas respostas de antemão. Por exemplo:

1. Será que os executivos seniores estimularão ativamente os gerentes das unidades comerciais a utilizar novos mecanismos organizacionais para examinar os riscos de TI em seus produtos e serviços, estabelecidos ou novos – mesmo que os produtos novos ou existentes precisem ser revisados como resultado? A Microsoft fez exatamente isso com sua iniciativa Trustworthy Computing [Computação Confiável], como descrito no capítulo 8. A ChoicePoint implementou novos mecanismos para esse propósito na esteira de sua altamente divulgada perda de mais de 150 mil registros pessoais em fevereiro de 2005.[3]

2. Que princípios os executivos aplicarão ao solucionar exceções na política? Por exemplo, se um gerente evitar os processos e as vistorias da governança de TI para fazer com que um sistema – e o novo produto ou os relacionamentos que o sistema suporta – seja implementado mais rapidamente, como os executivos lidarão com a situação e com os precedentes que ela pode estabelecer?

3. Como os executivos lidarão com propostas para iniciativas que envolvam tecnologias não padronizadas que resultarão em um alicerce mais complexo?

4. Como os executivos tratarão as pessoas que declararem riscos e pedirem ajuda para mitigá-los? Como tratarão subordinados que assumirem riscos inteligentes e falharem?

5. Como os executivos obterão e utilizarão informações que ajudarão a empresa a avaliar e administrar riscos?

6. Como os executivos tratarão o gerente de um projeto arriscado que administre com competência e, mesmo assim, não consiga concluir o projeto dentro do prazo?

7. Como os executivos tratarão gerentes de projeto que retardarem um projeto para lidar com riscos que tenham aparecido subitamente, como a perda ou a renomeação do patrocinador do projeto?

As acomodações envolvidas em questões como estas não são triviais. A forma como os executivos respondem a essas perguntas transmite importantes sinais a todos na empresa sobre quais riscos têm importância e quanta importância eles têm.

Como exemplo do importante papel dos executivos seniores em mudar a cultura do risco, considere a Celanese Chemical, uma fabricante global, de US$ 6 bilhões, de produtos de acetil e polímeros artificiais.[4] Antes de se desmembrar da gigante química global Hoechst, a Celanese era uma companhia em que "nada nunca falhava". Os funcionários sempre tomavam cuidado, faziam poucas promessas e inchavam os orçamentos, e a administração era tolerante. A dívida da nova empresa, no entanto, trouxe a necessidade de mudanças dramáticas no desempenho, que por sua vez exigiram uma nova cultura com muito maior tolerância ao risco. De acordo com o CIO Karl Wachs: "Na época em que nos desmembramos da Hoechst, tínhamos uma dívida de cerca de US$ 2 bilhões. Não podíamos operar da maneira convencional. Dessa maneira, ainda estaríamos na mesma posição, talvez 5 ou 10% melhor. Tínhamos de levar a companhia ao nível seguinte".

Uma parte da transformação foi a "One SAP ["Um Só SAP"], uma consolidação radical de 7 sistemas de ERP (e de todas as variações em processos comerciais que isso implica) em um só. A mudança para uma cultura de consciência do risco começou com a primeira apresentação do projeto feita por Wachs ao conselho, em que ele apresentou uma estimativa honesta do preço e do cronograma – sem a inflação de 100% ou mais que era comum nas propostas de projetos na Celanese. Ele informou ainda ao conselho que, como a estimativa não tinha folga para excedentes, as garantias de "nunca falhamos", que eram tradicionais na empresa, não se aplicariam. O conselho considerou essa proposta ambiciosa e não tradicional e decidiu que o projeto valia a pena, não apenas para implementar a transformação dos processos da empresa, como também para introduzir uma nova atitude com relação ao risco.

De acordo com Wachs: "Assumir riscos é uma coisa boa. Se você não os assumir, nunca chegará à grandeza. Não deve cometer erros estúpidos. Se cometer erros ou se as coisas saírem errado, seja capaz de se levantar e dizer 'há algo de errado aqui', para que a equipe possa consertá-lo". Essas são palavras simples, mas considere a mudança dramática que representam para uma cultura na qual previamente "nada nunca falhava".

Com o projeto aprovado, Wachs tomou providências para ajudar sua equipe a desenvolver a cultura correta de consciência do risco. Ele escolheu líderes de equipes que se sentiriam à vontade com discussões abertas da situação e dos riscos. Em seguida, ele e sua equipe trabalharam para modelar os comportamentos certos e instilar a cultura por toda a equipe que conduzia esse maciço projeto.

Wachs explicou: "Quando se tem um projeto para muitos anos, com centenas de pessoas, há coisas que saem errado. Todos os dias as coisas mudam. O que você tem a fazer é criar uma atmosfera em que a mudança seja normal, as pessoas entendam se você assumir um risco e, se as coisas mudarem ou você não estiver pronto, simplesmente admita, e então adapte seu plano e siga adiante. O essencial para isso é uma comunicação honesta".

O plano One SAP precisou de ajustes constantes para acompanhar as mudanças na empresa. De acordo com Wachs:

> *Ao longo de todo o projeto, tivemos problemas. Adquirimos e vendemos empresas, as várias divisões decidiram acrescentar coisas, e assim por diante. E todo dia do projeto parecia que ia ser um desastre. A toda manhã alguma coisa não dava certo. E você sempre precisa administrar suas reservas. E tem de entender quando se aproxima da linha crítica.*
>
> *No verão de 2003, nós chegamos perto dessa linha. Assim que percebemos que não poderíamos cumprir o prazo respeitando a qualidade, fomos imediatamente até o conselho e dissemos: "Temos um problema. Precisamos de mais 3 meses".*
>
> *Foi interessante (...) ver como a organização reagiu. As pessoas da equipe na verdade duvidavam que sobreviveríamos a isso, pois não se tratava de apenas 3 meses. Tratava-se de dinheiro, de uma séria quantidade de dinheiro.*
>
> *Fomos até o conselho e explicamos com clareza, numa base muito factual, em que ponto estávamos, por que estávamos lá e o que faríamos em seguida. E eles nos deram total apoio. Publicaram imediatamente um artigo*

na intranet dizendo que "o conselho aceita perfeitamente que precisamos protelar esse projeto, pois queremos um sistema de qualidade". Eles apoiaram positivamente esse tipo de cultura. E isso ajudou dramaticamente a organização a compreender que assumir riscos é aceitável.

Wachs se mostrara o tempo todo franco com o conselho, e os membros corresponderam a isso. Eles tinham visto a equipe de projeto encontrar e superar riscos anteriores, e sabiam então que poderiam confiar no que estavam ouvindo. Em troca, fizeram sua parte para estimular a transformação da cultura oferecendo ajuda à equipe, em vez de puni-la por infringir o cronograma. Mais importante, os membros provaram, com sua decisão, que também o conselho estava disposto a assumir riscos calculados.

Para Melhorar a Consciência, Segmente o Público e Comunique-se com Freqüência

Melhorar a consciência exige mais do que meramente modelar e recompensar os comportamentos de consciência do risco. Nossos dados mostram um forte elo entre a conscientização e a redução geral de riscos. Como visto na Figura 6-2, num grupo de mecanismos gerais (por exemplo, os que não se concentram especificamente em um dos itens dos 4A), ela é o único mecanismo com uma co-relação estatisticamente significativa com níveis mais baixos em todos os itens dos 4A.

O risco é um tópico complexo, e não é possível nem efetivo que todos o compreendam integralmente. Especialistas precisam entender muitos detalhes, mas a maioria das pessoas só precisa entender os riscos em termos do que os provoca e o que elas podem fazer para reduzir a própria vulnerabilidade a eles.

A Tabela 6-1 inclui fragmentos de uma apresentação feita pelo diretor de risco de TI para a ING Insurance Americas descrevendo planos para aumentar a consciência de risco entre os funcionários e clientes da ING. Embora a cultura esteja firmemente nas mãos da administração sênior, é típico que os planos de conscientização sejam responsabilidade do diretor de risco de TI ou corporativo, ou, numa organização menor, do líder de segurança das informações.

FIGURA 6-2

A eficiência da conscientização

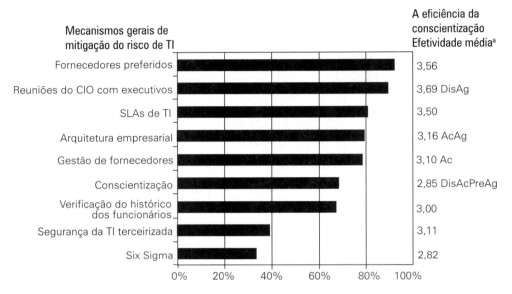

Fonte: © 2007 Centro de Pesquisas sobre Sistemas de Informação da MIT Sloan. Usado com permissão.

[a] Os pontos de eficiência média baseiam-se numa escala de 1 (ineficiente) a 5 (altamente eficiente), segundo classificações por 119 entrevistados. As abreviaturas Dis, Ac, Pre e Ag indicam que o uso do mecanismo estava associado com uma mitigação significativamente maior, em termos estatísticos, de mudanças na disponibilidade, acesso, precisão e agilidade, respectivamente.

Note que esse plano descreve vários públicos e suas metas. Não se vê nesses gráficos que os fundos alocados para a conscientização dos clientes sejam significativamente maiores do que os alocados para a conscientização interna, em consonância com o tema do programa de gestão de risco da TI: "Tornar mais fácil fazer negócios com a ING de maneira segura". Finalmente, note que a proposta de valor para o programa inclui benefícios tanto para clientes como para a empresa.

Em geral, o público para os comunicados empresariais de conscientização do risco de TI inclui executivos, gerentes do nível das unidades comerciais, usuários finais, equipes de TI e partes externas, como fornecedores e clientes. Em certa medida, esses públicos se sobrepõem. Todos os funcionários são usuários de tecnologia para além de suas funções mais específicas e precisam estar informados sobre problemas e respostas que os afetam como um todo. A consciência inclui o conhecimento de informações como quais são as políticas de risco de TI da empresa e como segui-las; como reconhecer quando colegas ou empreiteiros estão incorrendo em comportamento perigoso; que atitudes tomar quando uma situação de risco é identificada; e como reconhecer ameaças (como *phishing, spoofing* ou ataques por vírus) no ambiente.

TABELA 6-1

Metas de conscientização do risco da ING Insurance Americas para a segurança de informações

Programa da ING de conscientização dos funcionários quanto à segurança das informações (foco interno)

Definição	O programa de consciência da segurança é uma campanha contínua de comunicação e educação para ajudar os usuários a compreender seu papel em proteger a ING e as informações dos clientes e para melhor embutir a segurança das informações em nossa cultura. A meta é informar os usuários de que eles são responsáveis por assegurar a integridade, a confidencialidade, a privacidade e a disponibilidade dos ativos de informação. O programa atinge aproximadamente 26 mil funcionários da ING no Canadá, na América Latina e nos Estados Unidos. Públicos-alvo adicionais incluem executivos, gerentes de pessoal, funcionários novos, proprietários de ativos de informação, equipes de tecnologia da informação, terceiros (quando apropriado) e corretores.
Proposta de valor	Tornar-se uma organização consciente do risco.
	Atender aos requisitos regulamentares e de observância.
Risco associado	Consciência inadequada do risco pelas pessoas.
	Suporta indiretamente os 10 grandes riscos.
Atividades de 2006	Continuar a utilizar o programa de consciência da segurança das informações da Insurance Americas com outras funções de gestão de risco:
	• atualizar todos os programas de treinamento de funcionários (em andamento);
	• folheto IRM (corrente);
	• refinamento do programa de treinamento e dos comunicados aos funcionários, com base no *feedback* destes últimos;
	• treinamento adicional para públicos-alvo;
	• implementação da Zona de Conhecimento sobre a Segurança de Informações do ING Group (em andamento);
	• artigos mensais online (corrente);
	• semana anual de consciência da segurança (corrente).

(continua)

TABELA 6-1 (*Continuação*)

Metas de conscientização do risco da ING Insurance Americas para a segurança de informações

Programa da ING de conscientização da clientela quanto ao risco (foco externo)

Definição	O programa de conscientização da clientela ajuda os clientes da ING a se proteger contra a fraude e o roubo de identidade. Escopo do projeto: • considerações e estratégia legais; • considerações e estratégia de lidar com o cliente; • considerações e estratégia tecnológicas;
Proposta de valor	Minimizar os riscos para a marca, a reputação e as finanças associados com o furto de identidade. Reduzir a imputabilidade legal da ING. Atender aos requisitos regulamentares e de observância.
Risco associado	Acesso não-autorizado. Gestão de mudanças e design de sistemas inseguros.
Atividades de 2006	Implementar conjuntamente a estratégia antiphishing e a campanha da clientela da Insurance Americas, com outras funções da gestão de risco (como a de ORM, de observância, de legislação e de CAS). Grupo de trabalho de antiphishing estabelecido para: • criar uma estratégia geral antiphishing; • envolver o departamento legal para assegurar que todos os sites tenham uma declaração legal apropriada para proteger a ING; • desenvolver e mobilizar uma campanha educacional para clientes e fregueses da ING; • fazer parceria com outras unidades comerciais da ING globalmente para aproveitar o conhecimento e coordenar melhor a comunicação e a resposta a incidentes.

Fonte: materiais e plano de fundo proporcionados por Hsiao-Wei Tang, diretor de risco de TI da ING Américas, 2005. Usado com permissão.

Em grande medida, muitos dos problemas e mensagens que se aplicam a usuários internos – por exemplo, o de como reconhecer uma ameaça e o que fazer quando ela surge – também se aplicam a clientes externos. A diferença é que a empresa tem menos controle sobre como seus clientes se comportam e, portanto, precisa contar mais com a educação e a persuasão do que com o treinamento e a imposição formais.

Nenhuma empresa que conhecemos, salvo provedores de Internet como a AOL e a EarthLink, assumiu a responsabilidade explícita por proteger seus clientes de riscos de TI como lixo eletrônico e vírus. Mas muitas empresas, incluindo revendedores baseados na Internet e provedores de serviços financeiros, adotaram medidas para educar seus clientes a respeito dos riscos de ataques pela Internet. Visitantes do eBay que clicam em "Help" na página principal imediatamente vêem uma lista de "Top Questions About eBay" ["Principais Perguntas sobre o eBay"]. O primeiro item nessa lista é "How do I know an e-mail is really from eBay" ["Como sei se um e-mail é realmente do eBay?"]. Outra seção na página se intitula "Online Security", e inclui links com os nomes "Identifying Spoof (Fake) E-mail" ["Identificando E-mail Spoof [Falso]"], "Protecting Yourself from Identity Theft" ["Protegendo-se do Furto de Identidade"] e "More" ["Mais"]. Clicar em "More" abre uma página inteira dedicada à segurança online, começando com "Top Questions About Online Security" ["Principais Perguntas sobre Segurança Online"]. A empresa obviamente sabe que seus clientes estão interessados no assunto e facilitou que eles encontrassem um bocado de informação útil.

Conforme as conexões habilitadas pela TI entre as empresas, seus clientes e outras comunidades externas ganham profundidade e amplitude, as empresas precisam considerar freqüentemente como seu papel em reduzir o risco de TI para as outras partes pode mudar.

Finalmente, todos esses públicos são contribuintes e também destinatários de comunicados a respeito do risco de TI. Para executivos e gerentes, o processo de governança do risco de TI oferece oportunidades para fazer comunicações sobre prioridades, o status e a eficiência de políticas e procedimentos; também os ajuda a conhecer o pensamento consciente do risco, pela mera tentativa de praticá-lo. Para os funcionários em geral, o diretor de risco de TI pode estabelecer canais formais pelos quais os funcionários podem reportar rapidamente uma situação perigosa ou um incidente de risco. Para os clientes, canais estabelecidos de atendimento podem ser utilizados para enviar informações sobre riscos de TI ao diretor de risco de TI.

Os públicos mais específicos incluem executivos, gerentes e funcionários de TI. Discutiremos cada um deles brevemente a seguir.

A Conscientização dos Executivos é uma Questão de Liderança e Status dos Programas

Os executivos precisam conhecer o efeito potencial de riscos específicos sobre as metas da empresa, descritos em termos do impacto comercial segundo os 4A, em suas partes específicas do negócio. Precisam estar cientes do progresso dos atuais esforços de gestão do risco; isso inclui indicadores quantitativos e qualitativos que descrevem tendências no portfólio geral de risco de TI, com um enfoque na meia dúzia de riscos mais críticos. Eles precisam entender a estrutura e a função dos processos de governança do risco de TI nas empresas – especialmente porque sua habilidade para articular esses arranjos é um indicador crítico do sucesso da governança de risco. Finalmente, eles precisam entender os deveres do patrocínio, tais como a importância de participar de conselhos de governança de risco, a importância de resolver formalmente exceções à política e as implicações envolvidas em decisões de abrir exceções desse tipo.

Em suas reuniões regulares com executivos de negócio seniores, o CIO da Biogen Idec, Patrick Purcell, aproveita parte do tempo para ampliar a consciência sobre o risco de TI e as atividades de gestão desse risco na firma. Customizar a mensagem ajuda os executivos a internalizar os conceitos. De acordo com Purcell:

> *Quando converso com a empresa sobre riscos, falo da área de risco que tem maior importância para cada parte da organização. Por isso, se estou falando de risco na área de finanças, falarei da Sarbanes-Oxley e do risco de controle que podemos correr nesse sentido. (...) Similarmente, numa área comercial, falamos do risco de privacidade dos dados. Assim, ao discutir o risco em qualquer seção específica, tendemos a tratá-lo à luz dos principais pontos de risco que aquela seção está tentando administrar.*
>
> *Mas o que eu também tento fazer é (...) promover a comunicação entre diferentes seções, a fim de conscientizá-las de que precisamos ter uma abordagem de TI única para administrar todos esses riscos, e que um único conjunto de processos e sistemas comerciais precisa bastar para dar conta das necessidades de todos esses ambientes regulamentares.*[5]

A Conscientização dos Gerentes é uma Questão de Integração e Execução

A melhoria da consciência de gerentes de nível médio decorre muitas vezes de comunicados da equipe executiva, do conselho de política de risco ou do diretor de risco de TI ou da empresa. Esses comunicados se destinam a estimular os gerentes a integrar a gestão de risco com suas práticas comerciais do dia-a-dia e a promover uma cultura de consciência do risco em suas unidades. Comunicados para esse público tratam do papel dos gerentes em seguir as políticas de gestão do risco de TI; de seu papel nos conselhos de governança do risco e na gestão da continuidade do negócio; e de suas responsabilidades nos exercícios de identificação e avaliação do risco, como a de contribuir com idéias sobre vulnerabilidades e conseqüências. Por fim, os gerentes precisam saber quais os riscos mais importantes que se impõem a sua unidade comercial e à empresa, como cada risco está sendo tratado, quais as tendências do perfil de risco geral da empresa e quais as tendências de riscos críticos específicos. Uma das melhores maneiras de aumentar a consciência de gerentes de nível médio é permitir que aprendam fazendo – em outras palavras, eles podem aprender participando de processos de governança de risco bem projetados.

A Conscientização da Equipe de TI é uma Questão de Criar Sistemas de Maneira Consciente do Risco

Sistemas de TI mal projetados e administrados geram riscos; sistemas de TI bem projetados e administrados detectam e reduzem riscos. Mensagens à equipe de TI têm como objetivo ajudá-la a compreender como suas atividades aumentam ou reduzem o risco, que políticas e procedimentos de risco ela precisa considerar e como considerá-los e de que maneira os peritos de TI internos podem ajudar a tornar os sistemas de TI tão livres de risco quanto possível. A conscientização do pessoal de TI inclui:

- seguir políticas de gestão do risco de TI – por exemplo, políticas destinadas a manter uma documentação adequada para o comportamento e as funções dos sistemas – e estimular os colegas a fazer o mesmo;

- identificar práticas organizacionais padronizadas – como o compartilhamento de recursos, procedimentos de gestão de projeto ou o modo como as informações são utilizadas – que geram riscos inadvertidamente e trabalhar para corrigi-las;

- reconhecer quando os colegas estão incorrendo em comportamento arriscado e notificar imediatamente o diretor de risco de TI (ver *Os Internos São um Problema e uma Solução*);

- ajudar os conselhos de governança de risco focados na implementação, quando for solicitado, e valer-se desses conselhos para proporcionar um *feedback* constante acerca da eficiência das políticas;

- compreender os riscos mais importantes que se impõem à unidade comercial e à empresa e os meios escolhidos para reduzir, transferir, evitar ou aceitar esses riscos;

- participar de exercícios de identificação e avaliação de riscos de TI, fazendo contribuições sobre as vulnerabilidades de sistemas particulares e as potenciais conseqüências de não mitigá-las;

- oferecer apoio e perícia para as vistorias de risco dos sistemas de TI.

Os Internos São um Problema e uma Solução

O relatório de 2005 sobre sabotagens cibernéticas internas do Serviço Secreto e Equipe de Resposta a Emergências Computacionais dos EUA descobriu que cerca de 1/3 dos funcionários que cometeram sabotagem anunciou suas intenções a colegas antes de cometerem o crime. Doze por cento dos sabotadores apanhados antes ou depois de cometerem o crime foram denunciados por colegas de trabalho. Em outras palavras, empregados alertas são uma importante linha de defesa.[a]

[a] Instituto de Engenharia de Software da Carnegie Mellon University, "Insider Threat Study: Computer System Sabotage in Critical Infrastructure Sectors" ["Estudo da ameaça dos internos: sabotagem de sistemas computacionais em setores infra-estruturais críticos"] (Pittsburgh: Instituto de Engenharia de Software da Carnegie Mellon University, maio de 2005).

A comunicação regular é uma maneira efetiva de aumentar a consciência da equipe de TI, assim como é no caso dos gerentes. Entretanto, com freqüência é mais importante o aprendizado na prática que obtemos ao participarmos de processos de governança do risco de TI bem estruturados.

Dirija a Partir do Topo – Persistentemente

Programas de conscientização atuam juntamente com o apoio executivo sênior e com o processo de governança do risco para melhorar a cultura – *com o tempo*. Nossa pesquisa revela que a maioria das empresas leva de 12 a 18 meses para atingir um nível básico de efetividade (incluindo a consciência) na gestão do risco de TI – ou seja, são necessários de 12 a 18 meses para chegar ao ponto em que os gerentes já internalizaram os processos de gestão do risco, executam esses processos com competência e eficiência e produzem avaliações de risco comparáveis num sentido amplo entre unidades comerciais e categorias de risco.

Em organizações que possuem um histórico de aversão ao risco, os gerentes se habituam a não comentar seus riscos. Nesses casos, é particularmente importante que os executivos proporcionem um reforço contínuo para mudar a cultura. A experiência da BOC Gases, companhia energética baseada no Reino Unido que é agora uma subsidiária do Linde Group, na redução de riscos relativos a projetos (e posteriormente de todos os riscos de TI) ilustra o valor da liderança e dos processos para alterar a cultura do risco.[6]

A administração da BOC tornou-se mais consciente do risco depois de uma tentativa de aquisição hostil em 2000. Em 2001, havia esforços de gestão do risco em andamento por toda a empresa. Nomeou-se uma gerente de TI dedicada, Janet Nudds, para o departamento de gestão de risco da empresa, para desenvolver um framework destinado a avaliar e mitigar o risco de projetos e para assegurar a adesão a ele. O framework abrangia o risco dos projetos (de que estes pudessem não apresentar a funcionalidade exigida dentro do prazo e do orçamento); o risco estratégico (de que o projeto comprometeria um ou mais objetivos estratégicos); o risco operacional (de que o projeto não resultaria em um ambiente operacional funcional); e o risco de implementação (de que o projeto não seria implementado devidamente e dentro do prazo).[7]

Em 2003, a cultura vinha sofrendo grandes ondas de mudança. Um código corporativo de conduta com as responsabilidades sociais e éticas do BOC Group, a controladora da BOC Gases na época, foi promulgado e implementado. O CEO do BOC Group incluiu uma declaração no relatório anual de 2003 dizendo: "Não peço desculpas por dizer que a segurança permanece nossa prioridade máxima. (...) Nós estamos nos concentrando em mudar o comportamento de todo mundo na BOC para garantir que a segurança realmente venha em primeiro lugar".[8] A sensibilidade ao risco estava aumentando.

De sua parte, a gestão de TI se concentrava em promover uma mensagem importante: os gerentes de projeto que discutissem seus riscos obtinham ajuda rapidamente. Gerentes que mencionassem riscos não eram punidos. Em vez disso, obtinham ajuda rapidamente. No final de 2003, o novo enfoque sobre a consciência do risco começou a compensar. Antes, os líderes de projeto se mostravam indispostos a discutir riscos por receio de retardar as coisas, e, então, eles passaram a procurar Janet Nudds quando notavam problemas. "Nossa cultura está mudando", disse Nudd. "Há apenas alguns anos, ninguém exporia um projeto problemático. Eles me ligariam e esperariam que eu fizesse isso por eles, em minha posição como gerente de auditoria de GI [gestão de informações]! Agora, os riscos são expostos com franqueza."

Como os gerentes da BOC Gases geralmente perceberam índices melhores de sucesso nos projetos, o framework de gestão do risco de TI se expandiu. Em 2004, o portfólio de risco da empresa incluía 200 grandes riscos de TI, dos quais 10 recebiam prioridade de ação. Gerentes nacionais foram nomeados para cada um dos 10 maiores riscos. Auditorias eram realizadas em cada um dos países, e, quando uma unidade falhava, a questão subia pela cadeia administrativa e chegava em última instância ao CIO. As avaliações de risco de projetos se expandiram para incluir revisões de segurança e continuidade dos negócios. Passados poucos anos, com o suporte da administração, o risco emergiu das sombras da BOC para se tornar um tópico focal para a discussão aberta – e a administração ativa.

Não Espere Ser Atingido por um Piano Caindo para Tornar-se Consciente do Risco

Gostamos de brincar que existem três tipos de executivos em matéria de consciência do risco de TI:

1. executivos que foram atingidos por um piano caindo e sabem que pianos caindo são perigosos;
2. executivos que viram alguém ser atingido por um piano caindo e sabem que pianos caindo são perigosos;
3. executivos que, todos os dias, a caminho do trabalho, cruzam com uma dúzia de infelizes que foram evidentemente esmagados por pianos caindo, mas ainda não perceberam que pianos caindo são perigosos.

Um de nossos clientes nos aconselhou recentemente a acrescentar uma quarta categoria: o executivo que pergunta: "O que é um piano?".

Se você for o terceiro (ou quarto) tipo de executivo, esperamos que nossa discussão sobre o risco de TI até este ponto tenha ajudado a convencê-lo de que é melhor ser o segundo tipo antes de se tornar o primeiro. Uma cultura de consciência do risco é impossível se os executivos não fizerem questão de levar o risco a sério, e isso significa mais do que atacar o risco (ou a pessoa que o reportou) a toda parte por onde ele surja. Isso exige líderes que estimulem todos no negócio a compreender que é sua responsabilidade pessoal saber o que é o risco, que contribuam para que os outros lidem efetivamente com o risco e que demonstrem, mediante o próprio comportamento, que a gestão de risco é responsabilidade de todas as pessoas.

Em outras palavras, não é o medo que define uma cultura de consciência do risco. É a abertura. Essa abertura, ao combinar-se com as outras duas disciplinas do risco, permite que a empresa assuma mais riscos (e os retornos que vêm com eles) sem se tornar mais arriscada.

Com este capítulo, concluímos nossa revisão das três disciplinas básicas da gestão do risco de TI. No próximo capítulo, discutiremos o que significa ser capaz em cada uma das três disciplinas e como escolher que disciplina focal deverá servir como ponto de encontro para a gestão do risco em sua organização.

Enquanto isso, cuide-se bem – e atenção a pianos caindo e cobras venenosas.

Sete

Acelerando as Três Disciplinas

É IMPORTANTE QUE toda empresa se torne competente o mais rápido possível em todas as três disciplinas: o alicerce, o processo de governança do risco e a cultura de consciência do risco. Mas isso não significa que toda empresa precisa fazer isso da mesma forma. Considere os exemplos a seguir.

O Royal Bank of Canada criou arranjos de governança abrangentes, do topo para a base, para lidar com o risco de TI, incluindo riscos relacionados com a privacidade dos clientes e também com as operações de TI. Como descrito no relatório anual da companhia, esses arranjos altamente estruturados posicionam o risco de TI sob a alçada mais ampla da gestão de risco empresarial, que é, por sua vez, estruturada numa hierarquia que inclui 9 grandes categorias de risco.[1] Mecanismos para avaliar e administrar o risco são comparáveis entre todas as unidades comerciais, e comitês decisórios são posicionados nos níveis da unidade comercial, do grupo e da empresa. É uma abordagem sofisticada e processual à gestão do risco de TI, robustamente sustentada por um programa abrangente de conscientização, sendo considerada pela gerência como uma parte importante da proposta de valor da companhia; entre outras coisas, porta-vozes da empresa atribuíram publicamente 700 milhões de dólares canadenses em receita anual ao programa de privacidade da empresa.[2]

A EquipCo é uma fornecedora global de equipamentos e serviços de alta tecnologia.[3] Seus arranjos de governança são escassos em comparação com os do Royal

Bank of Canada, mas sua abordagem baseada na conscientização é forte. Um centro de competência global composto por 30 peritos em várias disciplinas técnicas oferece perícia consultiva em gestão do risco de TI a unidades comerciais de toda a empresa. As unidades comerciais são estimuladas a assumir responsabilidade pelo risco de TI e por customizar políticas corporativas para suas próprias necessidades. Os funcionários sabem que a proposta de valor da EquipCo consiste em um design de ponta e em produtos seguros e confiáveis, e assumem uma responsabilidade pessoal por segurar a propriedade intelectual da EquipCo contra ameaças e prejuízos.

A PartCo é uma fornecedora de peças para automóveis da segunda camada.[4] Ela veio crescendo a uma ordem de 2 dígitos durante os últimos 5 anos, adquirindo fábricas de montadoras, adaptando-as a suas próprias especificações e dirigindo-as mais lucrativamente do que as proprietárias anteriores. A PartCo utiliza uma única instância de seu software de ERP, que opera em uma única marca e em um só modelo de servidor, em todas as suas fábricas. A infra-estrutura e a base de aplicações da PartCo são tão bem alinhadas que a companhia consegue administrar sua capacidade mundial de TI com uma organização interna de apenas 40 pessoas, suplementadas por empreiteiros, conforme a necessidade. A abordagem da PartCo à gestão do risco de TI, em sintonia com sua ênfase corporativa geral na fabricação enxuta, é fortemente voltada à disciplina do alicerce.

Como estes exemplos sugerem, toda empresa que possua uma excelente gestão de risco de TI tende a se concentrar em uma (ou duas) das três disciplinas de risco, mesmo enquanto acelera as três. Nenhuma empresa possui atenção ou capacidades infinitas, e um ponto focal ajuda, especialmente no começo. A disciplina focal gera atenção e conforto com a gestão de risco em toda a empresa, instilando-a na maneira como a empresa faz negócios e ajudando-a a argumentar em prol de mudanças que melhorem as outras disciplinas.

Não significa dizer que as empresas devem se concentrar em uma disciplina em detrimento das outras. As três disciplinas são necessárias para lidar com os itens dos 4A com abrangência – em termos de organização, tecnologia, procedimentos e comportamentos. A empresa precisa se tornar *competente* nas três disciplinas o mais rapidamente possível para assegurar que brechas perigosas no planejamento ou na execução da gestão do risco de TI tenham sido eliminadas. Então ela precisa trabalhar com diligência para melhorar continuamente as três disciplinas até que elas estejam, de fato, excelentes. Os exemplos citados anteriormente, contudo, indicam que os diretores de risco de TI podem optar por se concentrar em uma dada disciplina para ter um início rápido, e então vender o programa geral de gestão do risco para o restante da empresa.

Isso sugere ao menos duas perguntas: qual a melhor disciplina focal para meu programa de gestão do risco? O que significa ser competente ou excelente em cada disciplina?

A resposta curta para a primeira questão é que as empresas devem escolher sua disciplina focal com base em sua cultura, suas circunstâncias e suas capacidades (não necessariamente nessa ordem). A meta é fazer com que seja o mais confortável possível para a empresa como um todo adotar a gestão de risco (e talvez até mesmo *querer* gerenciar o risco), para que ela se torne competente nas três disciplinas o quanto antes. Para responder à segunda pergunta, consideremos o que significa ser competente (ou mesmo excelente) em cada uma das disciplinas.

Atingir a Competência com o Alicerce

Nos termos mais simples, um alicerce competente é aquele inerentemente resistente a ataques e falhas comuns. Isso significa, primeiro, que os buracos no dique foram tapados – que proteções básicas contra ataques e controles de alta prioridade, tal como descrito no capítulo 3, estão no lugar. Também significa que um plano de continuidade dos negócios foi implementado, está sendo regularmente testado e anualmente atualizado; que a empresa possui uma arquitetura tecnológica consultada durante o desenvolvimento e planejamento de sistemas; e que a central de dados tem um processo capaz para administrar operações e ativos. Finalmente, significa que há um plano de alto nível para renovar e/ou aposentar aplicações e infra-estruturas complexas e antigas, e que a empresa está seguindo firmemente esse plano. Esses comportamentos e circunstâncias são evidências de que todos os fatores na base da pirâmide de risco estão sendo ativamente administrados.

A ausência de qualquer uma dessas condições indica que riscos significativos podem penetrar, sem ser notados, pela base da pirâmide de risco – em outras palavras, que a disciplina do alicerce ainda não é competente. Para dizer de outro modo, você sabe que sua disciplina do alicerce não é competente quando está constantemente apagando incêndios; quando surpresas desagradáveis, como ataques bem-sucedidos de vírus e downtime não-planejado do sistema, são freqüentes; quando lhe dizem constantemente que suas aplicações de TI e suas infra-estruturas não podem acomodar planos de negócio de maneira oportuna e econômica; e, em geral, quando a TI é antes um impedimento do que um auxílio no momento de discutir grandes mudanças.

Ser competente serve para o curto prazo – é o bastante para reduzir o combate a incêndios e para consertar os principais buracos no dique. As empresas, contudo, devem estar sempre melhorando, procurando tornar o alicerce o mais excelente possível. Quando a disciplina do alicerce se torna excelente para além dos indicadores já citados, devemos esperar uma implementação implacável da arquitetura, o que significa que a empresa possui uma infra-estrutura e uma base de aplicações simplificadas, padronizadas e altamente funcionais e que desvios da arquitetura escolhida para a empresa não são permitidos sem uma análise franca das implicações para o risco e o custo futuro. Também devemos esperar a renovação sistemática e incremental e a extensão cuidadosa do alicerce simplificado, bem como uma investigação constante de tecnologias avançadas com o potencial de tornar obsoleta a base instalada da firma ou, alternativamente, permitir-lhe saltar à frente da concorrência.

Atingir a Competência com o Processo de Governança de Risco

Um processo competente de governança do risco assegura que avaliações individuais e grupais do risco sejam feitas regularmente, de modo que a empresa não se deixe cegar pelo risco e que haja mecanismos no lugar para verificar a observância da política e lidar com exceções. Estas metas são geralmente atingidas quando:

- uma única pessoa foi nomeada para administrar o processo de governança de risco;
- categorias formais de risco já foram identificadas e descritas em termos claros;
- um histórico de riscos é utilizado para registrar e rastrear continuamente os riscos;
- métodos consistentes para a avaliação de riscos estão em uso e avaliações de risco são realizadas pelo menos a cada trimestre;
- melhores práticas táticas para a gestão de risco, tais como as descritas no capítulo 5, foram estabelecidas;

- um arranjo de governança de risco em multiníveis – incluindo conselhos de política e implementação, patrocínio executivo e uma equipe responsável pelo monitoramento – está no lugar;
- um processo formal para resolver todas ou a maioria das exceções à política do risco de TI foi estabelecido.

Um claro indicador mestre de um processo competente de governança do risco é a porcentagem de executivos de todos os níveis capazes de descrever precisamente os arranjos de governança de risco.[5] Executivos incapazes de descrever como a governança de risco funciona não têm uma idéia clara do que a governança de risco exige deles e provavelmente não sabem quão bem o processo está funcionando ou o que está sendo decidido por seu intermédio. Em outras palavras, se os executivos não são capazes de descrever como o processo de governança de risco funciona, esse processo provavelmente não está funcionando.

Você pode dizer que seu processo de governança de risco não é competente quando ninguém sabe quem está incumbido dele; quando nem as categorias de risco nem os métodos de avaliação são padronizados; quando não há registro corrente de avaliações de risco e abordagens mitigadoras; e quando ninguém sabe dizer, com certeza, se existe uma observância geral da política.

Quando o processo de governança de risco é a disciplina focal, esperam-se avaliações obrigatórias de risco nos sistemas existentes e nos sistemas em fase de projeto e desenvolvimento; a gestão de risco incorporada numa vasta gama de processos comerciais, como as devidas avaliações da diligência de novos parceiros e prestadores de serviço, e de fusões e aquisições; a integração da gestão do risco de TI em conselhos de gestão do risco empresarial; e a mensuração contínua da efetividade dos esforços de redução de risco em termos do desempenho aprimorado dos negócios. Todos esses indicadores são representativos das práticas que tendem a satisfazer as preocupações dos auditores quanto ao risco, o que significa que um processo de governança do risco de TI resulta em melhores auditorias – e isso, por sua vez, produz menos ansiedade para todos. Práticas como essas são altamente visíveis e exigem esforços consideráveis. Para grandes companhias farmacêuticas e de serviços financeiros, e para outras em que o risco cuidadosamente calculado é um modo de vida, o esforço é um preço relativamente pequeno a pagar em troca da proteção contra riscos sem fundo.

Alcançando a Competência com a Cultura de Consciência do Risco

A consciência do risco é uma questão de cultura – uma questão de valores e crenças e comportamentos resultantes. Ela envolve mais do que saber o que são riscos e como lidar com eles. Uma cultura tem uma consciência competente do risco quando possui um alto grau de segurança psicológica em relação ao risco – quando os funcionários conversam abertamente sobre riscos e se sentem à vontade para pedir ajuda ao lidar com eles, inclusive com aqueles que exigem escolhas difíceis entre resultados incertos.

Quando a empresa é competente na consciência do risco, discussões a respeito dele são um elemento constante da tomada de decisões por executivos seniores. Por exemplo, discussões de novas iniciativas comerciais incluem avaliações precoces de riscos potenciais de TI e propostas para mitigá-los efetivamente; as estimativas para os projetos são realistas, e não infladas para proporcionar uma margem de erro imensa às custas da agilidade; os fatores de sucesso dos projetos são bem conhecidos; e os projetos são submetidos a avaliações periódicas para assegurar que fatores de sucesso críticos sejam mantidos durante toda a sua duração. Além disso, quando a consciência do risco é competente, todos os executivos de TI e de negócios são capazes de citar três riscos máximos de TI pertinentes a seu escopo de responsabilidade e de descrever os passos que vêm sendo tomados para mitigá-los, e todos os funcionários conseguem dizer que riscos de TI são mais pertinentes para si mesmos e suas unidades comerciais e descrever suas próprias responsabilidades com relação a esses riscos.

A consciência do risco não é competente quando:

- os funcionários ocultam riscos em vez de conversar sobre eles, mesmo quando solicitados para tanto;
- as estimativas para os projetos são tão infladas que parece que o trabalho não anda;
- falhas na infra-estrutura ou nos projetos resultam primeiro em dedos acusadores e só então em solução;
- os funcionários não conseguem citar os mais importantes riscos de TI que se impõem a sua unidade comercial ou descrever o que podem fazer para se proteger desses riscos;
- eles não sabem a quem chamar quando vêem algo que pode constituir um sério risco;
- os planos e as estratégias da administração não incluem discussões explícitas de riscos e planos de contingência.

Assim como um processo competente de governança do risco, uma consciência competente do risco é apenas o ponto de partida. Quando a consciência do risco é excelente, todos na organização são, por definição, cientes do risco. Os funcionários não precisam pensar no risco como um componente distinto em suas explorações e tomadas de decisão. Ele é apenas uma parte natural de tudo o que fazem. Quando a consciência do risco é excelente, podemos esperar lembretes freqüentes sobre controles e o risco de TI, por meio de uma variedade de abordagens, como a publicação periódica de indicadores de risco e de discussões sobre o progresso no cumprimento das principais metas relativas ao risco; o treinamento periódico dos funcionários nos riscos e controles relevantes para seus papéis e responsabilidades; e mecanismos bem alinhados para reportar incidentes de risco para a administração sênior com pouca "enrolação" ou atraso. Devemos esperar que os executivos seniores considerem todos os aspectos do risco de TI – disponibilidade, acesso, precisão e agilidade – em suas decisões, em vez de meramente deixar de lado os problemas de longo prazo pela conveniência de curto prazo.

Finalmente, quando a consciência do risco é excelente, podemos esperar que os executivos consultem regularmente o futuro, incorporando a compreensão de futuros cenários e dos riscos associados com seu planejamento estratégico e suas iniciativas estratégicas. Discutiremos esse "olhar para a frente" com maiores detalhes no capítulo 8.

A Tabela 7-1 resume as características da competência e da excelência para todas as três disciplinas.

TABELA 7-1

A competência e a excelência em cada disciplina da gestão do risco de TI

Disciplina	Competente	Excelente
Alicerce	Os buracos no dique estão tapados. Proteções básicas contra ataques estão no lugar. Um plano de continuidade dos negócios foi implementado, é regularmente testado e anualmente atualizado. A central de dados tem um processo capaz para administrar operações e ativos, apoiado por um monitoramento sólido. A empresa possui arquiteturas empresariais e tecnológicas consultadas em todo desenvolvimento e planejamento de sistemas. Existe um plano de alto nível para renovar e/ou aposentar aplicações e infra-estruturas complexas, e a empresa segue o plano assiduamente.	A arquitetura foi implementada implacavelmente, com esforços contínuos para simplificar o alicerce. Há uma renovação sistemática e incremental e uma extensão cuidadosa desse alicerce simplificado. A empresa investiga continuamente tecnologias avançadas com o potencial de tornar obsoleta a base instalada da firma ou de permitir-lhe saltar à frente da concorrência.

(continua)

TABELA 7-1 (*continuação*)

A competência e a excelência em cada disciplina da gestão do risco de TI

Disciplina	Competente	Excelente
Processo de gestão de risco	Um arranjo de governança em multiníveis está no lugar. Uma única pessoa foi nomeada para administrar o processo de governança de risco. Categorias formais de risco foram identificadas e descritas em termos claros. Um registro de riscos é usado para registrar e rastrear riscos numa base constante. Métodos consistentes de avaliação de risco estão em uso, e avaliações de risco estão sendo efetuadas pelo menos a cada trimestre. Melhores práticas táticas para a gestão do risco foram estabelecidas. Um processo formal de exceções é usado para resolver todas ou a maioria das exceções à política do risco. Executivos de todos os níveis conseguem descrever o processo de governança do risco acuradamente.	Avaliações obrigatórias de sistemas existentes e sistemas em fase de projeto e desenvolvimento. A empresa mensura continuamente a efetividade dos esforços de redução do risco. A gestão do risco de TI é incorporada a uma vasta gama de processos comerciais, como as devidas avaliações da diligência de novos parceiros e prestadores de serviço, e de fusões e aquisições. A gestão de risco de TI é plenamente integrada aos processos e conselhos de gestão de risco da empresa.
Consciência	Os funcionários conversam abertamente sobre riscos e se sentem à vontade para pedir ajuda ao lidar com eles. Discussões sobre o risco são um elemento constante da tomada de decisões por executivos seniores. As discussões de novas iniciativas comerciais, por exemplo, incluem avaliações precoces de riscos potenciais de TI e propostas para mitigá-los efetivamente. As estimativas dos projetos são realistas, e não infladas. Os fatores críticos de sucesso dos projetos são bem conhecidos, e os projetos são submetidos a avaliações periódicas para assegurar que esses fatores sejam observados durante toda a sua duração. Executivos de TI e de negócios conseguem citar os três máximos riscos de TI pertinentes a seu escopo de responsabilidade e descrever os passos que vêm sendo tomados para mitigá-los. Todos os funcionários conseguem dizer que riscos de TI são mais pertinentes para si próprios e para suas unidades comerciais e descrever suas próprias responsabilidades com relação a esses riscos.	Há lembretes freqüentes sobre os controles e o risco de TI mediante uma variedade de abordagens, como a publicação periódica de indicadores de risco e discussões sobre o progresso no cumprimento das principais metas relativas ao risco. Os funcionários são treinados periodicamente nos riscos e controles relevantes para seus papéis e responsabilidades. Há mecanismos bem alinhados para reportar incidentes de risco à administração sênior com pouco atraso ou "enrolação". Funcionários de todos os níveis assumem responsabilidade direta por prevenir, identificar e lidar com riscos. Executivos seniores consideram todos os riscos de TI em suas decisões. Os executivos olham para a frente, incorporando a compreensão de futuros cenários e dos riscos que os acompanham no planejamento de longo prazo.

A Cultura, as Circunstâncias e as Capacidades Afetam a Disciplina Focal

A cultura, as circunstâncias e as capacidades são os fatores que mais importam para se escolher a disciplina focal da empresa. Qual desses fatores *mais* importa num caso específico vai depender da empresa.

Uma vez que mudar a cultura é notoriamente difícil e demorado – e não por ela ser o fator mais importante (ela pode não o ser em algumas empresas) –, vamos discuti-la primeiro.

A Cultura Organizacional Importa

Já discutimos a dificuldade de mudar a cultura no capítulo 6. Para a discussão presente, basta lembrar que uma disciplina de gestão do risco que vá de encontro à cultura da organização é difícil de vender em qualquer empresa. E é essencial poder vender pelo menos uma disciplina para a empresa – de modo que ela possa ser utilizada para tornar as três efetivas. A cultura pode ser mudada, mas não rápida ou facilmente, e é mudada com mais sucesso a partir do topo.

A cultura conducente ao enfoque no processo de governança do risco é, acima de tudo, deliberada. Ela se ajusta bem à cooperação formal, com comitês e forças-tarefa. Ela está habituada e se ajusta bem à supervisão formal e aos processos devidos; está acostumada a documentar tudo o que faz. Ela conhece o valor de um mecanismo para a política e suspeita de "cauboís" que o desdenhem, quer abertamente, quer às ocultas. Em muitos casos, ela é rotineiramente auditada. Unidades comerciais e indivíduos numa cultura desse tipo mostram-se em geral mais dispostos a decidir conflitos entre as metas e os princípios da corporação e das unidades comerciais a favor da empresa como um todo. O Royal Bank of Canada, que, como mencionamos anteriormente, fez das proteções à privacidade dos clientes a peça central de sua proposta de valor, é um exemplo dessa cultura. Como reguladores e auditores muitas vezes requerem estrutura, documentação e processos formais, as empresas de indústrias intensamente regulamentadas quase sempre escolhem a governança do risco como sua disciplina focal.

A cultura conducente ao enfoque na consciência do risco é aquela em que a perícia tem importância, em que consultores e peritos internos são respeitados e a independência das unidades comerciais e a responsabilidade individual são importantes valores culturais. A cultura é sofisticada em termos dos riscos gerais e de suas potenciais conseqüências, e freqüentemente tem uma explícita inclinação pela engenharia. Uma empresa assim é, com freqüência, mais empreendedora do que aquela com uma cultura voltada ao processo de governança do risco ou ao alicerce, e tolera uma variedade maior de produtos, missões, propósitos e abordagens às negociações, em vez de um processo firmemente padronizado e centralizado para fazer negócios. A EquipCo, que mencionamos no início deste capítulo, descobriu que a consciência se ajusta melhor a sua cultura.

A cultura conducente ao enfoque na disciplina do alicerce será provavelmente uma empresa iniciante que se recriou há pouco (ou que vem atualmente fazendo isso), ou uma empresa que optou decisivamente por uma plataforma tecnológica há alguns anos e se preocupou em manter-se nos trilhos. A unidade da cultura, o propósito e a direção são muito fortes. A agilidade é o que importa, e a eficiência altíssima vem logo em seguida. Pode haver uns poucos tipos diferentes de ofertas de produtos e serviços, e o modelo de negócios sustenta o crescimento mediante a rápida replicação de processos e tecnologias comprovados. A ChipCo, que já discutimos em nosso capítulo sobre a disciplina do alicerce, é um claro exemplo do alicerce como disciplina focal.

Algumas culturas não são particularmente simpáticas a nenhuma das disciplinas; algumas são basicamente tolerantes a níveis muito altos, e mesmo perigosos, de risco – de TI e outros –, e vêem controles como algo a ser evitado ou ignorado por motivo de necessidade ou vantagem. Houve vários exemplos na imprensa ao longo dos últimos anos. A adoção séria da gestão de risco nessas empresas usualmente ocorre depois de uma catástrofe e envolve uma nova administração, bem como uma nova cultura. Nessas circunstâncias, o processo de governança do risco é provavelmente a disciplina enfocada, com a consciência vindo logo em segundo lugar; o processo proporciona visibilidade, e a consciência assegura que ele seja seguido escrupulosamente no longo prazo.

A História Importa

Uma empresa com um longo histórico de má gestão do alicerce, ou com uma base desnecessariamente grande e diversificada de aplicações e infra-estrutura, achará vantajoso promover melhorias por meio da disciplina do alicerce – mas fazer do alicerce a disciplina focal é, com freqüência, difícil. O nível de investimento necessário para transformar rapidamente o alicerce é alto demais para que a maioria dos conselhos de diretores o aceite. Geralmente, é mais fácil e menos dispendioso fazer do processo ou da consciência a disciplina focal, e usar um deles para gerar impulso e desenvolver o argumento em prol de melhorias incrementais no alicerce.

A EquipCo ilustra como a história e a cultura podem se combinar para empurrar a empresa na direção da disciplina da consciência. As unidades comerciais diversificadas da EquipCo operavam numa escala global, com uma abordagem explicitamente empreendedora à realização de negócios, com cada unidade comercial sendo estimulada a alcançar sucessos à sua própria maneira, utilizando as tecnologias de sua preferência. Como conseqüência, a cultura da EquipCo geralmente desconfiava de pessoas do nível corporativo, inclusive pessoas do grupo de TI corporativo, e o alicerce geral era muito complexo. Por essas razões, o grupo de TI corporativo percebeu que uma abordagem centralizada às disciplinas ou da governança de risco ou do alicerce não era uma opção.

Entretanto, os funcionários da EquipCo possuíam muita perícia sobre a segurança, já que ela era um importante componente da proposta de valor de seus produtos e serviços. E, como empresa centrada na engenharia, as pessoas respeitavam a perícia e procuravam ajuda ativamente de peritos conhecidos dentro e fora da firma. O grupo de TI corporativo decidiu tirar proveito dessa cultura e perícia em segurança para aumentar a conscientização, e então usar a consciência para melhorar gradualmente a eficiência das disciplinas do alicerce e da governança de risco.

O grupo de TI corporativo formou uma equipe muito capaz de consultores internos de TI – de dentro e de fora da EquipCo – recrutando peritos experientes em risco, cada um com, no mínimo, 10 anos de experiência numa disciplina técnica e com fortes habilidades interpessoais. Esse grupo de risco central, com 30 pessoas, proporcionava perícia e serviços de avaliação e mitigação de riscos aos grupos de TI das unidades comerciais. Os membros do grupo central também atuavam como consultores junto a cada diretor de TI das unidades comerciais, priorizando riscos e justificando o custeio associado a eles.

Em vez de incômodos processos de gestão de risco no nível da empresa, a equipe estabeleceu políticas corporativas competentes de risco de TI (por exemplo, normas para integrar os sistemas dos fornecedores com os sistemas internos) que as unidades comerciais poderiam implementar por meio de procedimentos lógicos customizados. Além disso, o grupo de risco de TI corporativo auxiliava ativamente as unidades comerciais, ajudando-as a desenvolver sua própria perícia em riscos. A combinação entre uma forte campanha de conscientização liderada pela perícia e um processo flexível de governança do risco começou a gerar melhorias também no perfil de risco do alicerce.

Com o tempo, as atividades do grupo central aumentaram a consciência por toda a empresa, e as unidades comerciais assumiram a responsabilidade por seu próprio trabalho de gestão de risco, reduzindo a demanda sobre o grupo central. Isso liberou o grupo central para criar mais processos formais de gestão de risco. Ele vem agora passando da realização de avaliações de risco para a administração da política, dos processos e dos programas de conscientização do risco. Suas atividades estão aumentando a consistência da gestão e da comunicação de riscos por toda a empresa e proporcionando conselhos e assistência conforme a necessidade, ao mesmo tempo que preservam a independência das unidades comerciais.

O Tamanho Importa

As grandes empresas tendem a conduzir a gestão do risco pelo processo de governança de risco, por várias razões. Primeiro, é pelos processos que as grandes empresas atingem economias de escala; processos são algo que elas conhecem bem e procuram administrar efetivamente. Segundo, imensas bases instaladas de tecnologia – que podem variar vastamente em termos de constituição, modelo e condição – tornam freqüentemente dispendioso que empresas grandes façam da simplificação do alicerce a disciplina focal de seus esforços de gestão de risco. Como resultado, essas empresas levam seu alicerce rapidamente a um nível competente e então se concentram em uma das outras disciplinas para gerar um impulso que as ajude a aprimorar o alicerce progressivamente até um nível excelente. O processo também aprimora progressivamente a consciência; conforme os gerentes se envolvem com processos de governança do risco, eles passam a entender as condições que geram riscos e as atividades que podem reduzi-los, e começam a se sentir à vontade para identificar e compartilhar informações sobre seus riscos.

Companhias globais tendem a usar seu processo de governança de risco para impor um nível mínimo de consistência a seus esforços de gestão de risco no mundo todo, embora tenhamos visto a consciência do risco (muitas vezes na forma de "centros de competência" aproveitados globalmente, como os utilizados pela EquipCo) desempenhando também esse papel. No entanto, com poucas exceções, quanto maior a empresa, mais provável que seu processo de governança do risco seja a disciplina de frente.

Empresas menores tendem a conduzir a gestão do risco pela consciência ou pelo alicerce, dependendo da idade e da complexidade de sua base instalada (ou seja, dependendo do custo relativo e da dificuldade de liderar com seu alicerce). O custo geral relativamente alto de liderar com o processo inibe as empresas de menos recursos. Se a empresa já possui uma perícia implementada graças à vedação de buracos no dique e se, como outras empresas comparáveis, seu porte menor significa que suas comunicações geram menos despesas, fazer da consciência a disciplina focal pode ser o caminho de menor resistência.

A Indústria Importa (Mas não Tanto Quanto o Tamanho)

Qualquer empresa regulamentada precisa ter certos processos no lugar para cumprir regulamentos. Empresas de capital aberto em todo o mundo, qualquer que seja a indústria, estão cada vez mais sujeitas a regulamentos de relatórios financeiros similares à Lei Sarbanes-Oxley dos EUA. Mas, quando os principais produtos e processos comerciais da empresa, como distintos de sua gestão financeira interna, são regulamentados – como são os da indústria de serviços financeiros pelo Basiléia II, pela Gramm-Leach-Bliley e pela Lei dos Patriotas dos EUA, e os da indústria de serviços de saúde pela HIPAA –, temos um forte indicador de que o processo de governança do risco é uma boa disciplina focal. A regulamentação implica um escrutínio contínuo, o qual é, em grande parte, satisfeito por um processo observável e pela documentação que o acompanha. O dilema é que processos sempre consomem recursos, e empresas pequenas, mesmo em indústrias intensamente regulamentadas, com freqüência hesitam em investir recursos em atividades que não geram renda.

Dito isso, empresas em indústrias intensamente regulamentadas, como a dos serviços financeiros, dos fármacos e dos serviços de saúde – e sobretudo companhias maiores –, tendem a enfocar o processo de governança de risco quase que por definição. Grandes empresas do setor público, em virtude de seus requisitos regulamentares usualmente obrigatórios de documentação completa e processos devidos e dado seu interesse em emular as corporações de ponta, têm igualmente se concentrado cada vez mais no processo de governança de risco.

Empresas em indústrias maduras – como a de papel, aço ou seguros – tendem a possuir investimentos substanciais numa base de aplicações e infra-estruturas instaladas que dificultam a simplificação sem novos investimentos extensivos. O mero porte das quantias envolvidas tende a inibir a ação, a menos que um evento catastrófico seja iminente. Em algumas companhias de seguro, substituir aplicações centrais de gestão da política é um investimento de um bilhão de dólares – ou mais. Nessas circunstâncias, fica difícil fazer da melhoria do alicerce a disciplina focal depois que o alicerce atingiu um nível de competência.

Algumas indústrias ou empresas são impopulares por razões sociais ou políticas. Isso inclui agências públicas dedicadas à tributação ou à defesa, indústrias como a de tabaco, cuja licença para operar pode ser questionada, e empresas cujo sucesso ou cujos métodos inspiram raiva ou ciúmes. Na era da Internet, essas empresas estão sujeitas a constantes ataques de uma vasta gama de indivíduos e de grupos mais organizados. Por exemplo, a Microsoft atrai até 80 mil tentativas e ataques externos por dia, um número imenso que, ainda assim, é menor do que o número de ataques contra o Departamento de Defesa dos EUA.[6] Uma vez que o alicerce esteja num nível competente, a consciência é terrivelmente importante – e uma disciplina focal útil – para uma empresa sob ataques constantes de diferentes direções.

A Geografia Importa

Países específicos e organizações de base geográfica impõem seus próprios requisitos regulamentares a empresas e/ou indústrias dentro de sua jurisdição, incluindo a Gramm-Leach-Bliley, a HIPAA, a Lei Sarbanes-Oxley e a Lei dos Patriotas nos Estados Unidos; o Relatório Turnbull no Reino Unido; a Diretiva de Proteção de Dados da União Européia; e literalmente dezenas de outras no mundo todo. A maioria dos requisitos tende a envolver uma documentação extensiva, o que é uma marca característica de qualquer processo de governança de risco.

A geografia também implica uma cultura nacional ou étnica, e certas culturas tendem mais para certas disciplinas do que para outras. Por exemplo, em pesquisas da Gartner sobre práticas de gestão de projetos de TI, quase 100% das organizações entrevistadas na Austrália haviam instalado um escritório de gestão de projetos para administrar a tecnologia e dar suporte aos gerentes de projeto; no caso de empresas nos Estados Unidos, na Europa, no Oriente Médio e na África, a cifra correspondente esteve mais perto de 50%.[7]

A Capacidade Importa (Sobretudo no Início)

As capacidades da empresa são habilitadoras e inibidoras poderosas, mas elas podem mudar. Capacidades não precisam ser necessariamente construídas a partir do topo da empresa e, por isso, são mais fáceis de mudar com a cultura. Por essa razão, acreditamos que as capacidades atuais devem ser consideradas principalmente em termos de por onde a empresa está começando, e não por aonde ela deseja ir. Em outras palavras, como um fator para planejar-se o caminho da gestão efetiva do risco de TI e para selecionar um enfoque, e não como o ponto final de fato.

Escolha Sua Disciplina Focal

As listas de checagem nas Tabelas 7-2A, B e C podem ser utilizadas como uma ferramenta para refletir sobre os fatores que podem tornar uma ou outra disciplina um bom ponto focal para sua empresa. Queremos enfatizar aqui que a escolha de uma disciplina focal não significa que as outras podem ser ignoradas. Sem ter as três num nível competente, a gestão do risco de TI não tem como ser realmente efetiva. Estamos apenas dizendo que, ao concentrar atenção e esforço em certas disciplinas, as empresas podem dar o pontapé inicial com a disciplina focal e usar seu impulso para defender a melhoria também das outras disciplinas.

Alguns fatores indicam fortemente que uma disciplina específica se alinha com as circunstâncias da empresa e deve servir de foco; outros indicam que outra disciplina *não* está desalinhada com as circunstâncias da empresa e pode ser um bom foco. A empresa não terá lidado de maneira abrangente com os aspectos organizacional, tecnológico, procedimental e comportamental da gestão do risco de TI até que seja competente nas três disciplinas, e seu enfoque pode mudar com o tempo, conforme as circunstâncias e a cultura mudarem.

TABELA 7-2A

Lista de checagem do processo de Governança do risco

Concorda? (faça um visto)	Característica	Raciocínio
☐	Usamos costumeiramente comitês e forças-tarefa para tomar decisões sobre a política.	Indica um ajuste cultural com o processo de governança.
☐	Temos processos formais para resolver exceções à política.	Indica um ajuste cultural com o processo de governança.
☐	Usamos auditorias freqüentemente para validar nossos processos.	Indica um ajuste cultural com o processo de governança.
☐	Impomos ativamente fortes normas e princípios corporativos para o comportamento.	Indica um ajuste cultural com o processo de governança.
☐	Nossos processos e/ou produtos comerciais centrais (excluindo os processos de gestão financeira) estão sujeitos a regulamentos.	Com freqüência, um fator decisivo para a governança de risco como disciplina de frente.
☐	Estivemos sujeitos recentemente a graves penalidades regulamentares ou nossos executivos foram indiciados ou demitidos por lapsos éticos.	Usualmente um fator decisivo para a governança de risco como disciplina de frente.
☐	A receita de nossa empresa (ou o orçamento, no caso de um órgão público) supera US$ 1 bilhão.	Indica que os recursos bastam para sustentar o processo de governança de risco como disciplina de frente.

Em alguns casos, as empresas descobrirão que suas necessidades, circunstâncias e capacidades estão em conflito. Para dar um exemplo extremo, se seu CEO ou CFO foi recentemente indiciado por acusações relacionadas a mau comportamento ou malfeitorias, sua empresa provavelmente será forçada a se concentrar no processo de governança de risco, a despeito de ser essa ou não sua escolha. Havendo vontade e recursos, capacidades podem ser adquiridas, como se ilustrou em capítulos anteriores, quando a BOC adquiriu a capacidade de administrar riscos de projetos e a PFPC adquiriu a capacidade de administrar seu processo de governança de risco. As capacidades existentes podem ser aproveitadas, aprimoradas e aumentadas com perícia e recursos externos, se necessário.

TABELA 7-2B

Lista de checagem da cultura de consciência do risco

Concorda? (faça um visto)	Característica	Raciocínio
☐	A perícia proprietária ou a propriedade intelectual são críticas para o nosso sucesso.	Forte potencial para a consciência como disciplina de frente.
☐	Cultivamos peritos internos, como engenheiros, e os ouvimos cuidadosamente.	Indica um ajuste cultural com a disciplina da consciência.
☐	Pensamos no risco em relação a tudo o que fazemos e antes de comprometer recursos ou tomar a decisão de seguir em frente.	Indica um ajuste cultural com a disciplina da consciência.
☐	Usamos uma abordagem de gestão da qualidade, como o TQM ou o Six Sigma, para melhorar nossas operações e decisões.	Indica um ajuste cultural com a disciplina da consciência.
☐	Estimulamos as unidades comerciais a se comportar de modo empreendedor e a cuidar de si mesmas.	A ênfase na independência das unidades comerciais é consistente com a consciência como disciplina de frente, ao contrário tanto do processo de governança como do alicerce.
☐	Nossa indústria ou companhia é um alvo de ativistas políticos ou sociais ou de criminosos.	Ataques concentrados por ativistas ou criminosos requer maior consciência.
☐	Estimulamos funcionários de todos os níveis a assumir a responsabilidade pessoal por suas ações e pelos resultados delas.	Indica um ajuste cultural com a disciplina da consciência.

Fonte: © 2007 Centro para Pesquisas sobre Sistemas de Informação da MIT Sloan e Gartner, Inc. Usado com permissão.

Qualquer que seja a disciplina focal que a empresa escolha no início de sua jornada rumo a uma gestão efetiva do risco de TI, ela precisa se tornar competente em todas as disciplinas e trabalhar continuamente para se tornar excelente nas três. As empresas devem considerar a disciplina focal um enfoque temporário, que pode mudar conforme as capacidades mudarem – e elas mudarão.

TABELA 7-2C

Lista de checagem do alicerce

Concorda? (faça um visto)	Característica	Raciocínio
☐	Temos uma base tecnológica padronizada (por exemplo, uma única instância de ERP em todo o mundo).	Freqüentemente decisivo para o alicerce como disciplina de frente.
☐	Nossa empresa construiu ou reconstruiu sua base tecnológica há menos de 10 anos.	Forte potencial para o alicerce como disciplina de frente.
☐	Nossa base tecnológica é sustentada por uma documentação detalhada e atualizada.	Forte potencial para o alicerce como disciplina de frente.
☐	Temos um ativo processo de gestão do portfólio e mantemos um fundo constante para renovar a base instalada.	Forte potencial para o alicerce como disciplina de frente.
☐	Temos uma arquitetura bem desenvolvida que orienta a maior parte de ou todos os nossos desenvolvimentos ou aquisições de sistemas.	Potencial para o alicerce como disciplina de frente.
☐	O controle de custos por meio da padronização das operações é uma estratégia central da empresa.	Indica um ajuste cultural com a disciplina do alicerce.
☐	Nossa empresa tem planos ou estratégias que exigirão o remodelamento significativo de nossa base tecnológica.	A reformulação da base tecnológica proporciona uma oportunidade de "página em branco" e favorece em muito a disciplina do alicerce.

Fonte: © 2007 Centro para Pesquisas sobre Sistemas de Informação da MIT Sloan e Gartner, Inc. Usado com permissão.

Comparações de como duas empresas do mundo real escolhem sua disciplina focal devem ilustrar a utilidade das listas de checagem das Tabelas 7-2A, B e C. Começaremos com a Shure, uma das principais fabricantes mundiais de equipamentos de som profissionais e para consumo. Os microfones da empresa, como os padrões da indústria SM57 e SM58, podem ser encontrados em quase todo estúdio profissional de gravação e na maioria dos palcos para shows (um SM58 adorna o pódio usado pelo presidente dos Estados Unidos para conferências à imprensa). A empresa é de propriedade privada. O Hoovers.com reportou vendas de US$ 245 milhões para a Shure em 2006.

A Shure: o Risco de TI e a Pequena Fabricante

A importância da propriedade intelectual exclusiva da Shure é suprema.[8] "Administrar o risco da propriedade intelectual é parte do DNA organizacional", diz o ex-CIO Paul Erbach. "Temos um longo histórico, como empresa privada, de sigilo, e pensamos nele como uma vantagem competitiva." A força de trabalho da Shure tem consistido historicamente em funcionários de longa data fanaticamente dedicados, que projetam e fabricam produtos no trabalho e utilizam esses produtos para fazer música nas horas vagas. Isso está mudando, porque a Shure vem montando novas operações fabris na China. Segundo Erbach: "A maioria dos funcionários tem um tempo de casa médio entre 25 e 30 anos. Agora, ao abrirmos nossa fábrica na China, estaremos lidando com gente que está na empresa há apenas 25 ou 30 dias".

Recursos limitados são um desafio para a implementação de melhores práticas. "Não temos um processo formal para administrar o risco, ou um papel formalizado de diretor de segurança", diz Erbach. "Entretanto, esta é uma parte bem definida do papel do diretor de tecnologia. Ele é o principal arquiteto da infra-estrutura, gerente dos serviços infra-estruturais e diretor de segurança das informações." Melhorar a abordagem da empresa aos riscos significou estender a responsabilidade a todos os funcionários. "Quando cheguei aqui, as pessoas tinham medo de interromper os serviços quando havia uma ameaça, e por isso estabelecemos alguns parâmetros de delegação. Temos políticas muito básicas. Temos procedimentos para recuperação de desastres; implementamos um ciclo de auditorias externas trienal; e estamos trabalhando num plano de continuidade dos negócios".

A Shure não é alvo de ativistas sociais ou políticos, mas o poder de sua marca atrai ataques mirados por parte de criminosos em busca de ganhos. "Tivemos problemas com produtos Shure falsificados", diz Erbach. "Isso constitui roubo de propriedade intelectual, mas pode ser impossível determinar os meios. São as mudanças nos negócios, como a construção de uma nova fábrica no estrangeiro, que nos levam a repensar nossas proteções".

O perfil da Shure quanto aos fatores de decisão da disciplina de risco é visto na Tabela 7-3. Ela mostra que a decisão da Shure de fazer da consciência sua disciplina focal, com a disciplina do alicerce logo em seguida, foi boa. A Shure é uma fabricante com um viés de engenharia e uma alta consideração corporativa pelas habilidades das pessoas que projetam e fabricam seus produtos. A empresa conta com a consciência de funcionários dedicados para proteger sua propriedade intelectual. Nenhum funcionário de longa data da Shure revelaria conscientemente o projeto das peças eletrônicas dentro de um microfone Shure – nem ficaria parado vendo alguém fazer isso.

Com uma implementação recente de ERP concluída e a necessidade de controlar custos pelo futuro previsível, a Shure tem uma óbvia segunda escolha: a disciplina do alicerce. O porte da empresa, muito abaixo de US$ 1 bilhão em receita, torna o processo de governança um candidato improvável para a disciplina focal. Numa empresa desse porte – há menos de 50 funcionários de TI –, um processo competente é, com certeza, um peso pena. Isso é verdade especialmente porque, como empresa privada, a Shure não precisa adotar os controles processuais obrigatórios em companhias públicas nos EUA segundo a Lei Sarbanes-Oxley, e seus processos centrais não são regulamentados.

TABELA 7-3

Fatores de decisão da disciplina focal do risco de TI aplicados à Shure, Inc.

Concorda?	Processo de governança de risco
☐	Usamos costumeiramente comitês e forças-tarefa para tomar decisões sobre a política.
☐	Temos processos formais para resolver exceções à política.
☐	Usamos auditorias freqüentemente para validar nossos processos.
☐	Impomos ativamente fortes normas e princípios corporativos para o comportamento.
☐	Nossos processos e/ou produtos comerciais centrais (excluindo os processos de gestão financeira) estão sujeitos a regulamentos.
☐	Estivemos sujeitos recentemente a graves penalidades regulamentares ou nossos executivos foram indiciados ou demitidos por lapsos éticos.
☐	A receita de nossa empresa (ou o orçamento, no caso de um órgão público) supera US$ 1 bilhão.

(continua)

TABELA 7-3 (continuação)
Fatores de decisão da disciplina focal do risco de TI aplicados à Shure, Inc.

Concorda?	Consciência
☒	A perícia proprietária ou a propriedade intelectual são críticas para o nosso sucesso.
☒	Cultivamos peritos internos, como engenheiros, e os ouvimos cuidadosamente.
☒	Pensamos no risco em relação a tudo o que fazemos e antes de comprometer recursos ou tomar a decisão de seguir em frente.
☒	Usamos uma abordagem de gestão da qualidade, como o TQM ou o Six Sigma, para melhorar nossas operações e decisões.
☐	Estimulamos as unidades comerciais a se comportar de modo empreendedor e a cuidar de si mesmas.
☐	Nossa indústria ou companhia é um alvo de ativistas políticos ou sociais ou de criminosos.
☒	Estimulamos funcionários de todos os níveis a assumir a responsabilidade pessoal por suas ações e pelos resultados delas.

Concorda?	Alicerce
☐	Temos uma base tecnológica padronizada (por exemplo, uma única instância de ERP em todo o mundo).
☒	Nossa empresa construiu ou reconstruiu sua base tecnológica há menos de 10 anos.
☐	Nossa base tecnológica é sustentada por uma documentação detalhada e atualizada.
☐	Temos um ativo processo de gestão do portfólio e mantemos um fundo constante para renovar a base instalada.
☒	Temos uma arquitetura bem desenvolvida que orienta a maior parte ou todos os nossos desenvolvimentos ou aquisições de sistemas.
☒	O controle de custos por meio da padronização das operações é uma estratégia central da empresa.
☐	Nossa empresa tem planos ou estratégias que exigirão o remodelamento significativo de nossa base tecnológica.

Nota: interpretação dos autores das informações dos estudos de caso.

A Sampension: o Risco de TI e a Empresa de Previdência de Médio Porte

A Sampension é uma empresa de previdência dinamarquesa criada como subsidiária da Kommunernes Pensionsforsikring A/S.[9] Ela é a empresa gestora comum de três fundos de pensão dinamarqueses, que representam juntos cerca de US$ 15 bilhões em ativos e uma receita anual de US$ 950 milhões. Hans Henrik Mejloe é CIO há 6 anos. "Sofremos as mesmas pressões que muitas empresas: para melhorar os processos comerciais, para adaptar as ofertas dos clientes e para responder a mudanças regulamentares, de modo a permanecer conformes e competitivos", ele diz. "Tivemos muitos problemas em meados dos anos de 1990. Aplicações para *mainframes* levavam anos para serem desenvolvidas, e as mudanças regulamentares do governo geravam barreiras que pareciam quase impossíveis. Fomos forçados a fazer mudanças radicais".

A plataforma tecnológica foi transformada 2 vezes desde então: de *mainframe* para cliente/servidor e de cliente/servidor para uma plataforma Windows. Não há nenhuma aplicação com mais de 8 anos de idade. A principal aplicação de seguros foi projetada e reescrita de modo que fosse flexível o bastante para dar suporte à estratégia de negócios pelos próximos 5 a 10 anos.

A organização de TI baseia suas decisões num conjunto de 13 máximas que a tornam comprometida com um modelo arquitetônico pan-organizacional, uma tecnologia homogênea e capacidades estratégicas de compras (incluindo a capacidade de se desvencilhar de qualquer fornecedor dentro de 2 a 3 anos). Todo projeto passa por um processo formal que assegura que ele siga as máximas. O pessoal de TI é estimulado a desenvolver habilidades interdepartamentais. Processos de medição impregnam a organização de TI: a unidade de TI mensura e rastreia elementos tão diversos como a complexidade das aplicações, os custos fixos, o conhecimento que a unidade tem dos negócios e de sua habilidade de gerar resultados, e suas competências, sua motivação e sua flexibilidade.

Como visto na Tabela 7-4, o perfil da Sampension volta-se tanto ao processo de governança do risco como ao alicerce. O primeiro é geralmente esperado em toda grande companhia de serviços financeiros; o segundo, não. Dados o porte e a indústria da empresa, o processo de governança de risco tende a ser a disciplina de frente, com o alicerce logo em segundo lugar.

TABELA 7-4

Fatores de decisão da disciplina focal do risco de TI aplicados à Sampension

Concorda?	Processo de governança de risco
☒	Usamos costumeiramente comitês e forças-tarefa para tomar decisões sobre a política.
☒	Temos processos formais para resolver exceções à política.
☒	Usamos auditorias freqüentemente para validar nossos processos.
☒	Impomos ativamente fortes normas e princípios corporativos para o comportamento.
☒	Nossos processos e/ou produtos comerciais centrais (excluindo os processos de gestão financeira) estão sujeitos a regulamentos.
☐	Estivemos sujeitos recentemente a graves penalidades regulamentares ou nossos executivos foram indiciados ou demitidos por lapsos éticos.
☐	A receita de nossa empresa (ou o orçamento, no caso de um órgão público) supera US$ 1 bilhão.

Concorda?	Consciência
☐	A perícia proprietária ou a propriedade intelectual são críticas para o nosso sucesso.
☒	Cultivamos peritos internos, como engenheiros, e os ouvimos cuidadosamente.
☐	Pensamos no risco em relação a tudo o que fazemos e antes de comprometer recursos ou tomar a decisão de seguir em frente.
☐	Usamos uma abordagem de gestão da qualidade, como o TQM ou o Six Sigma, para melhorar nossas operações e decisões.
☐	Estimulamos as unidades comerciais a se comportar de modo empreendedor e a cuidar de si mesmas.
☒	Nossa indústria ou companhia é um alvo de ativistas políticos ou sociais ou de criminosos.
☒	Estimulamos funcionários de todos os níveis a assumir a responsabilidade pessoal por suas ações e pelos resultados delas.

Concorda?	Alicerce
☒	Temos uma base tecnológica padronizada (por exemplo, uma única instância de ERP em todo o mundo).
☒	Nossa empresa construiu ou reconstruiu sua base tecnológica há menos de 10 anos.
☒	Nossa base tecnológica é sustentada por uma documentação detalhada e atualizada.
☒	Temos um ativo processo de gestão do portfólio e mantemos um fundo constante para renovar a base instalada.
☒	Temos uma arquitetura bem desenvolvida que orienta a maior parte ou todos os nossos desenvolvimentos ou aquisições de sistemas.
☒	O controle de custos por meio da padronização das operações é uma estratégia central da empresa.
☒	Nossa empresa tem planos ou estratégias que exigirão o remodelamento significativo de nossa base tecnológica.

Na gestão de risco, como em tudo o mais, a empresa deve concentrar-se em suas forças e procurar minimizar suas vulnerabilidades com o tempo. Isso significa concentrar-se numa disciplina central de gestão do risco que se ajuste à sua cultura e às suas forças, assegurando que as demais disciplinas sejam no mínimo competentes e que todas elas estejam sendo aprimoradas com o passar do tempo.

Nenhuma das disciplinas de risco é suficiente por si só, e a execução competente de qualquer disciplina de risco melhora a eficiência de todas. Um processo eficiente de governança do risco aumenta a consciência do risco em múltiplos níveis, proporciona um fórum para que gerentes de vários níveis discutam o risco abertamente e ajuda a identificar oportunidades de pegar carona em novas iniciativas para melhorar progressivamente o alicerce. Uma consciência do risco ampliada e a cultura que a acompanha aumentam a probabilidade de que os gerentes percebam riscos, levem-os à atenção de conselhos de governança e cooperem para lidar com eles. Também conscientiza os gerentes quanto às conseqüências de decisões tecnológicas que poderiam gerar riscos no alicerce. Esforços para melhorar o alicerce, particularmente por meio da gestão da continuidade dos negócios e de avaliações de projetos de desenvolvimento, aumentam a consciência do risco e a cooperação e ajudam os funcionários de TI e de negócios a compreender as conseqüências comerciais dos riscos de TI em termos similares. Na verdade, vários CIOs mencionaram que, uma vez que o alicerce e a consciência forem eficientes, o processo de governança do risco pode se tornar menos formal e incômodo, preservando ainda assim sua excelência.

As capacidades presentes importam mais no início, conforme a organização aprende ou adquire o conhecimento e as habilidades de que necessita para se sair bem em áreas outrora difíceis. No fim das contas, nenhuma empresa deve se satisfazer com o mínimo em nenhum de seus esforços, inclusive na gestão do risco de TI.

Assim se encerra nossa discussão detalhada de como criar capacidades de gestão do risco de TI corretas para a empresa tal como é hoje. No capítulo 8, descrevemos como assegurar que suas capacidades de gestão do risco de TI evoluam continuamente para enfrentar quaisquer desafios que se imponham à empresa no futuro.

Oito

Olhando para a Frente

A TÉ ESTE PONTO, nos concentramos em construir uma visão empresarial do risco de TI e das capacidades de gestão de risco para as empresas como são hoje. Mas os negócios e os ambientes em que eles operam mudam, e essas mudanças introduzem novos riscos e alteram as prioridades de riscos antigos. Os negócios e a tecnologia mudam rápido demais para depender de abordagens reativas à gestão do risco de TI – a gestão reativa é uma gestão ineficaz e resulta na perda de muitíssimas oportunidades e na constatação de muitíssimas ameaças.

Os riscos mais perigosos são aqueles que nunca consideramos, ou que consideramos tarde demais. Se uma abordagem reativa é demasiado lenta para o ritmo da empresa, esta deve olhar para a frente como meio de se antecipar aos riscos de TI do futuro.

Olhe para o Futuro na Ordem Certa

O risco de TI é um risco comercial com conseqüências comerciais, e mudanças no negócio e em seu ambiente afetarão o perfil de risco geral da empresa. Os gerentes de risco precisam de uma forma de examinar as mudanças no horizonte e tomar atitudes apropriadas. Assim, olhar para o futuro é algo que começa com um exame das acomodações entre riscos implicadas pela estratégia comercial da empresa e por seu ambiente e articuladas nos termos dos 4A. O resultado é um conjunto de estratégias para controlar riscos. Estas, por sua vez, são utilizadas para promover mudanças necessárias nas três disciplinas, como visto na Figura 8-1.

FIGURA 8-1

Seqüência de planejamento para a gestão estratégica do risco de TI

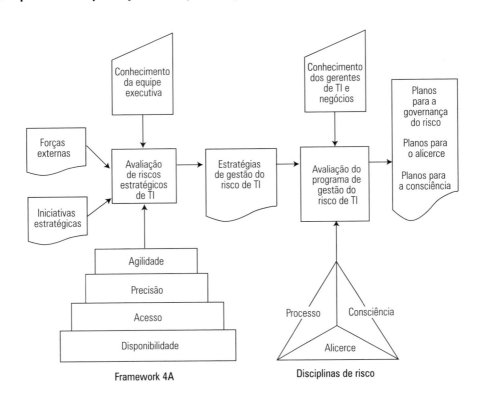

Procure por Forças Externas e Iniciativas Estratégicas

Este não é um livro sobre planejamento estratégico, e não oferecemos aqui conselhos sobre os métodos de que os executivos podem se valer para examinar o ambiente competitivo ou desenvolver visões, estratégias e planos futuros. Para esta discussão, presumiremos que a empresa possui uma estratégia e que suas capacidades de TI já foram incorporadas a ela (pelo menos no sentido de que a estratégia reconhece explicitamente as mais essenciais capacidades tecnológicas exigidas, se não mesmo o modo como serão adquiridas). É dispensável dizer que os executivos de TI deveriam tomar parte nessas discussões.

As perguntas utilizadas pelos executivos para identificar e avaliar riscos potenciais de TI para a estratégia são as mesmas descritas no capítulo 1 para definir prioridades de risco de alto nível, mas o enfoque é na empresa e em seu ambiente *da forma como serão*, e não como são. Essas conversas são mais ou menos extensas e freqüentes, dependendo da extensão da mudança contida na estratégia e no ambiente do negócio. Para a maioria das empresas, neste momento, o ritmo da mudança significa que conversas anuais sobre essas questões não são suficientemente freqüentes.

Procure Sinais de Forças Externas Novas ou Mutantes

As discussões sobre os riscos futuros e suas implicações começam pelas mais importantes forças externas capazes de afetar uma vasta gama de iniciativas da empresa. Essas forças podem ser ameaças, mas também oportunidades. Membros da equipe executiva podem começar pelas forças mais aparentes em seu caso. Podem ainda recorrer a recursos internos e externos para identificar forças externas que terão um impacto importante, mas, para o observador casual, não parecem diretamente relevantes. Muitas forças externas se aplicam a uma empresa, que será afetada por (ou se beneficiará de) cada uma delas de maneira diferente.

Como um exemplo generalizado que afeta quase todas as empresas, vamos nos concentrar na possibilidade de mudanças regulamentares, tendo em mente que esta é apenas uma das muitas forças externas potenciais que influenciam o risco de TI. Embora algumas firmas tratem o risco regulamentar como uma categoria à parte no framework de risco da empresa, acreditamos que o risco regulamentar, nos termos da TI, se encaixa, de fato, nos itens dos 4A. Alguns exemplos incluem:

- a Lei Sarbanes-Oxley exige que as empresas controlem os riscos de precisão, que afetam também o controle dos riscos de acesso e disponibilidade;

- a HIPAA, as leis estaduais dos EUA baseadas no Projeto de Lei Estadual 1386 da Califórnia e regulamentos como a Diretiva de Proteção de Dados da União Européia obrigam as empresas a controlar a privacidade, uma forma específica de risco de acesso, em nome de seus clientes;

- as grandes companhias de serviços financeiros estão sujeitas ainda a regulamentos que impõem proteções contra a perda de disponibilidade – por exemplo, requisitos de backup externo para o armazenamento de dados – e a regulamentos voltados à precisão, como o Basiléia II e a Lei dos Patriotas dos EUA.

A regulamentação é, de costume, uma resposta reativa a uma ameaça percebida na sociedade e, por isso, é precedida muitas vezes por sinais de alerta visíveis da mudança vindoura. Por exemplo, a aprovação do Projeto de Lei Estadual 1386 da Califórnia e sua entrada em vigor (a partir de julho de 2004), juntamente com a onda quase imediata de divulgações de alto perfil sobre roubos de dados em uma vasta gama de empresas de atendimento a clientes que se seguiu, foram um sinal de alerta de que os riscos de acesso (e, em especial, o risco do roubo de identidade) haviam aumentado significativamente para os indivíduos e, como resultado, para as empresas que lidam com informações pessoais. Ao darem ouvidos a esse sinal e ajustarem devidamente os processos comerciais e a governança do risco de TI, as corretoras de dados poderiam ter evitado o escrutínio dos legisladores dos EUA na esteira da inadvertida e altamente divulgada venda, pela ChoicePoint, de informações pessoais e financeiras de mais de 150 mil indivíduos a criminosos em fevereiro de 2005.[1] Restrições potenciais à agilidade da indústria incluem, no momento da escrita deste livro, dois projetos de lei em trâmite no Congresso dos EUA, que imporiam, pela primeira vez, requisitos específicos de gestão de dados e segurança das informações à indústria de corretagem de dados.[2]

Similarmente, a contínua alta freqüência e o impacto crescente de falhas ligadas à tecnologia – algumas das quais foram descritas na Introdução –, podem ser um sinal de alerta precoce, para a indústria de TI, de que o potencial para a regulamentação dos fornecedores de TI, de seus produtos e de seus serviços (para além dos clientes de suas empresas) está aumentando. Nesse caso, pelo menos uma empresa já está tomando providências. O investimento enorme e muito público da Microsoft (mais de US$ 100 milhões nos primeiros 6 meses) em sua iniciativa Trustworthy Computing [Computação Confiável] – que procura aumentar as proteções para a segurança, a confiabilidade e a privacidade (acesso e disponibilidade) em seus sistemas operacionais e aplicações – pode ser interpretado como uma resposta estratégica destinada a reduzir o potencial da regulamentação formal (e a resultante perda de agilidade) na indústria em que a Microsoft é uma atriz de ponta. Ele também pode ser visto como um esforço para reverter a crescente perda de boa vontade dos indivíduos que utilizam produtos da Microsoft – ou seja, a vasta maioria dos usuários de computadores pessoais no mundo todo.

Como a iniciativa Trustworthy Computing, da Microsoft, respostas estratégicas a forças externas para a regulamentação podem ser muito exigentes. Sem um alicerce bem estruturado, cada novo regulamento pode se tornar um dreno incômodo para a empresa.

Especialmente quando o alicerce vem sendo negligenciado há anos no interesse de custos reduzidos, os custos comerciais e de TI para lidar com os riscos de disponibilidade, acesso e precisão podem ser grandes o bastante para mudar a estratégia corporativa ou repriorizar grandes iniciativas (como foram para a Tektronix e outros exemplos citados neste livro). Algumas empresas aceleraram seus planos para substituir aplicações em resposta à Sarbanes-Oxley; pelo menos uma empresa de nosso conhecimento preferiu correr um risco calculado, aderindo a uma agenda de implementação de ERP que ficaria anos atrás dos prazos para a observância da Sarbanes-Oxley, em vez de pagar 2 vezes pela observância (uma pela solução tapa-buracos e outra pelo ERP). Executivos em algumas companhias de capital aberto preferiram tornar suas empresas privadas em vez de arcarem com o esforço e as despesas necessárias para cumprir a Sarbanes-Oxley.[3] Alguns bancos declararam custos de até 15% de seu orçamento de TI – centenas de milhões de dólares em alguns casos – para cumprir os requisitos do Basiléia II (e esses eram apenas os custos de TI).[4] Mais razão para que as empresas prestem atenção aos alertas iniciais de que forças externas podem estar aumentando os riscos de TI – e, é claro, para que pensem em investir em um alicerce que responda mais facilmente à mudança quando esta for necessária, em vez de investir em soluções tapa-buracos que complicam o alicerce e precisam ser refeitas a cada novo mandato regulamentar.

Procure Iniciativas Estratégicas

Embora as forças externas constituam importantes influências para o risco de TI, forças internas são igualmente importantes. Grandes iniciativas estratégicas –

como novas parcerias (por exemplo, para terceirização, desenvolvimento de produtos e *joint ventures* de marketing), novas ofertas de produtos e serviços e expansões para novos mercados ou clientelas – têm importantes implicações para a TI. Exploraremos alguns desses exemplos em maior profundidade aqui.

Parcerias de todos os tipos têm implicações significativas para o risco de TI. Terceirizar serviços de TI e de negócios, como a gestão de centrais de dados ou de atendimento ou o desenvolvimento de aplicações, reduz os riscos de disponibilidade e agilidade ao transferir o risco para parceiros que podem administrá-los de maneiras mais econômicas. *Joint ventures* procuram reduzir o risco de agilidade ao aproveitarem as forças complementares das partes envolvidas. Ambas abrem potencialmente as portas da empresa a novos riscos de disponibilidade, acesso e precisão, e os executivos devem considerar como esses riscos podem ser mitigados. Por exemplo, os parceiros externos serão orientados a cumprir ou exceder os padrões internos para os controles de disponibilidade, acesso e precisão? (a resposta costumeira é sim). Se os parceiros na cadeia de suprimentos têm acesso aos sistemas da empresa, como esta assegurará que as informações fornecidas não acabarão nas mãos de concorrentes? Como pode o cumprimento das normas da empresa por um parceiro ser garantido e mensurado? Os executivos não precisam considerar respostas detalhadas para essas perguntas, mas precisam saber se respostas existem e sustentar as mudanças na governança do risco, no alicerce e na consciência necessárias para implementar e impor essas respostas.

Quando a fabricante de equipamentos de áudio Shure inaugurou operações manufatureiras na China, ela reduziu custos e expandiu sua base fabril. Ao mesmo tempo, aumentou os riscos de acesso ao exportar propriedade intelectual valiosa – projetos de microfones líderes na indústria – a uma região notória por seu descaso pelos direitos à propriedade intelectual.[5] Controlar esses riscos significava instalar novos controles para a tecnologia da informação nas fábricas da empresa na China, como acessórios de segurança em sistemas de projeto computadorizados para reduzir o acesso aos projetos (ou a partes deles), dependendo da função do usuário no emprego. Também significava treinar o pessoal da Shure para classificar os níveis de segurança dos projetos de microfone peça por peça, de modo que o acesso pudesse ser restringido, algo muito novo para uma empresa que havia contado tradicionalmente com a lealdade de funcionários, em maioria de longa data, para proteger sua propriedade intelectual.

Ofertas de produtos e serviços novos ou radicalmente modificados, especialmente aqueles que envolvem novos canais ou incorporam tecnologias da informação ou das comunicações, levantam questões similares. Em que medida os novos produtos e serviços geram riscos de disponibilidade, acesso ou precisão para o negócio ou seus clientes – em razão das características do produto em si, das informações nele contidas ou dos sistemas que o suportam? Por exemplo, quando uma companhia de serviços financeiros permite aos clientes acessar suas contas eletronicamente, como a firma pode garantir segurança tanto para si mesma como para a clientela (em outras palavras, como pode reduzir os riscos de acesso a um nível aceitável)? Os clientes esperarão que a firma faça isso? Os concorrentes estimularão essas expectativas? O que acontecerá se a firma deixar de atender a essas expectativas? Por exemplo, algumas firmas, como o Bank of America e o Yahoo!, tomaram medidas para melhorar os riscos de acesso online que vão além das típicas identidades e senhas.[6] Elas agora permitem que seus clientes escolham uma imagem customizada – conhecida apenas pela firma e pelo cliente – que aparece nas páginas da Web da firma. Se os clientes não virem o ícone, saberão que algo está errado e poderão encerrar sua visita ao site antes de transmitir informações pessoais ou da conta para um site *spoofed* (fajuto).

Considere então o risco de disponibilidade: pode a firma assegurar que haverá contas disponíveis o tempo todo para a visualização online? Esse tipo de disponibilidade garantida é algo novo para a empresa? O alicerce atual a suportará?

Numa iniciativa de produto, se a firma vender aparelhos inteligentes que os consumidores podem usar para armazenar informações pessoais importantes, ela poderá proteger as informações no aparelho, caso este seja perdido ou roubado? Se o aparelho contiver tecnologia que permita aos usuários comunicar-se via wireless, poderá a firma protegê-lo e a seu proprietário de comunicações indesejadas ou hostis? Os clientes esperarão alguma dessas proteções? Os concorrentes serão capazes de prometê-las?

Fazer e responder a perguntas como estas no lançamento de um produto ou serviço novo ou atualizado pode evitar conseqüências futuras tanto para os clientes como para a empresa. No final de 2005, um perito independente em segurança dos computadores divulgou para o mundo que a Sony Music, no intuito de proteger seus CDs de música da duplicação não-autorizada, embutira neles um *"rootkit"* – códigos de computação que substituíam em segredo componentes essenciais do sistema operacional nos PCs que executavam os discos.[7] O propósito do *rootkit* era permitir que a Sony monitorasse sub-repticiamente os computadores modificados em busca de cópias ilegais de seus CDs. Infelizmente para todos os envolvidos, os *rootkits* deram a *hackers* criminosos os meios de se apoderar facilmente dos computadores infectados para seus próprios propósitos criminais, e muitos clientes acharam extremamente difícil remover de suas máquinas os componentes modificados do sistema operacional. Uma vez revelado, o incidente expôs a Sony a atenção hostil pelo mundo inteiro por parte de peritos em segurança, da imprensa, de seus clientes e outros fãs de música e de agências do governo (incluindo o Department of Homeland Security dos EUA, que aparentemente considerou o incidente uma possível questão de segurança nacional). Múltiplos processos contra a Sony – alguns dos quais ainda aguardavam resolução no momento da escrita deste livro – mancharam a reputação da firma e os esforços da indústria de música para combater a pirataria de seus produtos. Parece provável que a empresa não havia pensado direito nos potenciais riscos de TI para si mesma, seus clientes e sua indústria envolvidos numa iniciativa estratégica destinada a frustrar uma crescente onda de roubos de propriedade intelectual.

Novos mercados ou clientes podem envolver a empresa em diferentes regimes regulamentares que refletem diferentes tolerâncias a risco. Será que a velocidade importa mais do que o atendimento aos clientes? Será que o custo ou o acesso a mercados importam mais do que a privacidade (uma acomodação considerada no caso da Virtual Services, Inc., descrito no capítulo 1)? A iniciativa de uma companhia de seguros para vender uma nova linha de seguros de vida variáveis a pôs em conflito com a Securities and Exchange Commission [Comissão de Títulos e Transações] quando seus envelhecidos sistemas de gestão da política se mostraram incapazes de gerar relatórios pontuais e precisos sobre os artigos de investimento de suas políticas. Nesse caso, a única solução aceitável seria pagar por atualizações nos sistemas. O impacto dessa acomodação entre riscos de precisão e de agilidade no argumento comercial teria sido mais digerível para a administração se tivesse sido examinada mais cedo.

Em abril de 2001, a Amazon.com anunciou mudanças retroativas em sua política de privacidade que lhe permitiam compartilhar os dados dos clientes, e, aliás, os de suas compras, com parceiros comerciais selecionados. Os clientes podiam optar por não fazer negócios se a Amazon seguisse em frente, mas isso não impediria a empresa de usar os dados já coletados da maneira que julgasse apropriada. Esse ato foi um risco calculado que aparentemente compensou.[8] Quando o Google expandiu suas operações para a China, a empresa descobriu que as autoridades chinesas faziam vista grossa a capacidades irrestritas de busca para os cidadãos chineses. A decisão do Google – de aceder aos requisitos do governo chinês impondo restrições únicas de busca sobre os usuários baseados na China – equilibrava os riscos de agilidade de ser potencialmente excluído do mercado em mais rápido crescimento no mundo com a agitação que poderia resultar (e resultou) em seus mercados de origem por violar normas societárias ocidentais democráticas de acesso, privacidade e liberdade de expressão (e, possivelmente, a própria e acalentada máxima da empresa: "Don't be evil" ["Não sejam maus"]).[9]

Examinar as implicações do risco de disponibilidade, acesso, precisão e agilidade em novas iniciativas comerciais estratégicas arma a equipe executiva para lidar com os riscos de TI associados. A equipe executiva pode reconhecer explicitamente as acomodações e contingências necessárias para o sucesso e os necessários ajustes à tolerância aos riscos dos 4A. O passo seguinte? O restante da empresa precisa traduzir essas estratégias num conjunto de iniciativas dentro do programa de gestão do risco de TI, incluindo mudanças nas três disciplinas da gestão de risco: o alicerce, o processo de governança de risco e a consciência do risco.

Veja as Três Disciplinas

Operacionalizar uma estratégia para a gestão do risco de TI significa incorporá-la ao alicerce da empresa, a seu processo de governança de risco e a seus programas de cons-ciência do risco – as três disciplinas:

1. no que se refere ao alicerce, compare a nova estratégia do risco de TI com a atual base de infra-estrutura e aplicações e com as pessoas e processos que os sustentam. Se houver brechas entre as capacidades desejadas e as atuais, os gerentes precisam resolvê-las ou mudar a estratégia de gestão de risco (e potencialmente a própria iniciativa estratégica). Por exemplo, se os riscos não puderem ser absorvidos pelo alicerce, a empresa pode ter de ajustar sua tolerância aos riscos dos 4A ou modificar a proposta de valor da iniciativa para os clientes, os distribuidores ou a empresa;

2. no que se refere ao processo de governança de risco, os órgãos de governança em todos os níveis precisam ser informados quanto às novas prioridades. Órgãos de formulação de políticas podem precisar mudar ou criar políticas, ou calcular e aprovar o custeio de novos projetos; conselhos de implementação podem ter de definir e implementar novos padrões ou modificar os já existentes, rastreando o progresso desses esforços; órgãos monitores podem ter de assegurar que os critérios de avaliação dos sistemas foram atualizados para refletir políticas e normas revisadas. Procedimentos de avaliação do risco podem ter de mudar, e gerentes que utilizem esses procedimentos podem precisar de instruções sobre como implementar essas mudanças;

3. no que se refere à consciência do risco e à cultura consciente dos riscos, os funcionários afetados precisam ser informados de novas prioridades de risco e da justificativa por trás delas, e gerentes de todos os níveis precisam demonstrar apoio em palavras e atos.

O caso da OSF HealthCare mostra em ação muitos desses efeitos nas três disciplinas.[10] A OSF é uma corporação de US$ 2,5 bilhões operando numa rede integrada de estabelecimentos de saúde em Illinois e em Michigan. Michael Nauman é o CIO da empresa há cerca de 4 anos; antes de assumir esse papel, Nauman foi administrador de operações do maior hospital da OSF. "Em 2000, a maior parte da base de ativos de TI da OSF dedicava-se ao ciclo de receita", disse-nos Nauman no início de 2006. "Operacionalmente, a base de TI exigia investimentos significativos para manter-se em dia com várias questões regulamentares no futuro próximo." Outras forças externas para além do regulamento estavam forçando a OSF e a indústria a mudar igualmente, aumentando a pressão para que a indústria de serviços de saúde melhorasse a qualidade do atendimento e reduzisse os custos, em grande parte mudando seu enfoque tradicional na TI destinada aos sistemas administrativos para a TI destinada ao apoio clínico em áreas como a de diagnósticos.

Levou tempo para que a equipe de liderança da OSF chegasse a um consenso por grandes mudanças no alicerce, muito embora houvesse uma concordância geral de que a mudança era necessária. "A tecnologia que vínhamos utilizando era vista como uma barreira à transformação clínica", disse Nauman. "A insuficiência do desempenho da TI era a principal barreira na mente da liderança sênior. E, num sentido estratégico, era uma visão justa. Com nosso nível de despesas, a qualidade de nosso ambiente deveria estar a par das melhores da indústria, mas estávamos, pelo contrário, entre as piores. A TI era vista como fora de sincronia, e precisávamos voltar nossos esforços ao custeio de soluções industriais que dessem conta de nossas necessidades clínicas e de nosso desejo de ser líderes na tecnologia futura, para assim dar respaldo a nossos prestadores de serviços de saúde." A alternativa seria um risco maior de agilidade resultante da negligência das questões de eficiência e efetividade que moviam a indústria.

Em 2001, uma equipe composta de líderes hospitalares seniores, incluindo Nauman, avaliou o portfólio de aplicações e começou a planejar um projeto de 80 milhões de dólares para substituir a infra-estrutura e as aplicações legadas. Conforme o projeto amadureceu e foi aprovado pelo conselho, o grupo atuou como comitê organizador, assegurando o apoio contínuo dos executivos e reduzindo ainda mais o risco dos projetos.

Mudanças significativas foram feitas para simplificar o alicerce. "Passamos da estratégia de 'melhor da raça' para a de 'melhor do grupo'", disse Nauman. "Na OSF prevalecem a praticabilidade e o zelo por nossos investimentos de TI. Precisamos de estabilidade, confiabilidade e desempenho. Quando tratamos do importante Sistema de Informações Hospitalares, precisávamos de algo que passasse de um hospital de 50 leitos para outro de 750 leitos. Passamos de 6 sistemas de gestão de bancos de dados não integrados para apenas um. Substituímos o lado da prestação de serviços, o lado da administração de recursos e o lado do ciclo da receita – esses grandes e básicos baldes. Todos os sistemas para o ciclo da receita foram substituídos pelo PeopleSoft. Substituímos os sistemas de fatura e admissão e os integramos com os sistemas clínicos e auxiliares."

A administração usava programas de governança e conscientização para transformar a cultura e manter o alicerce recém-simplificado limpo e os riscos de TI baixos. De acordo com Nauman: "Passamos de uma cultura de TI em que a diversidade dos sistemas era celebrada para outra em que você teria de demonstrar que nossa tecnologia padrão não serviria antes de poder escolher uma opção não-padrão".

Com o novo alicerce instalado, a administração está olhando mais para a frente. "Meu orçamento operacional neste momento é de 3,8% do orçamento operacional total da organização", disse Nauman. "Em 2001, era de 3,9%. Estamos pagando quase o mesmo, mas o número de aparelhos de usuários servidos aumentou 150%, e a qualidade é muito melhor. Já podemos oferecer soluções melhores para nossas necessidades comerciais e clínicas, mas agora precisamos ser capazes de ajudar nossas unidades comerciais a prever novas necessidades tecnológicas e assisti-las no planejamento para um futuro em que a tecnologia desempenhará um grande papel no suporte das necessidades decisórias de nossos prestadores de serviços. Precisamos fazer um pouco mais de trabalho na fronteira, para podermos continuar oferecendo soluções criativas e ficar em dia com as inovações tecnológicas."

Assim como nenhuma empresa ou ambiente jamais são estáticos, nenhuma estratégia de gestão de risco pode ser fixa para sempre. A maioria das empresas pratica mudanças estratégicas contínuas, e suas estratégias de gestão do risco de TI devem ser examinadas regularmente em busca das implicações dessas mudanças.

Olhar para a frente significa essencialmente fazer perguntas para explorar a forma como os planos da companhia envolvem seus clientes, concorrentes, parceiros e ambiente; compreender as mudanças existentes nos riscos de TI implicadas por essas interações; e garantir que a empresa tomará providências para reduzir a exposição a situações de risco. No fim das contas, é simplesmente uma maneira a mais de assegurar que a empresa procurou evitar as conseqüências de surpresas perigosas.

Isso encerra nossa discussão detalhada dos dois frameworks – os 4A e as três disciplinas centrais – que constituem a base de uma gestão capaz do risco de TI. No capítulo final, resumiremos brevemente esses conceitos num conjunto de 10 maneiras de os executivos melhorarem a gestão do risco de TI.

Nove

Dez Maneiras de os Executivos Melhorarem a Gestão de Risco de TI

ALGUMAS FESTAS DE ANIVERSÁRIO são surpresa. Todas as emboscadas o são. No caso do risco de TI, as surpresas tendem a se parecer antes com emboscadas do que com festas. Se sua gestão do risco de TI estiver funcionando, você raramente se verá emboscado por surpresas desagradáveis com a tecnologia de sua empresa. Se estiver experimentando surpresas freqüentes, ou se houver atingido o ponto em que o mau desempenho e as falhas da TI já nem o surpreendem, então sua gestão do risco de TI não está funcionando, e você precisa repará-la antes de ter uma surpresa perigosamente grande.

Neste livro, descrevemos duas abordagens importantes e complementares à gestão do risco de TI com vistas à vantagem competitiva. Os 4A (disponibilidade, acesso, precisão e agilidade) representam os mais prementes objetivos no nível da empresa a serem afetados pelo risco de TI. Classificar e avaliar riscos nos termos dos 4A prepara a organização para o sucesso. Executivos comerciais podem administrar confortavelmente os riscos de TI da mesma forma como administram todos os riscos: fazendo escolhas informadas entre alternativas comerciais.

Mas isso é apenas o começo. Discutir o risco não é administrá-lo. Os riscos são administrados pela organização como um todo, utilizando as capacidades embutidas nas três disciplinas centrais do alicerce, do processo de governança de risco e da consciência. A disciplina do alicerce reduz os riscos básicos de TI e mais. Ela incorpora as acomodações e tolerâncias ao risco resultantes de discussões executivas dos 4A: priorizar alguns processos a outros, tornar as informações mais globais ou mais compartimentadas, promover a padronização ou a flexibilização local. O processo de governança do risco permite que todos os gerentes de todos os níveis identifiquem e avaliem riscos com base nos 4A e providenciem para que eles sejam administrados apropriadamente. A conscientização faz uso das tolerâncias ao risco estabelecidas em discussões executivas e vai um passo além, ajudando todos os funcionários a reconhecer condições de risco, a evitar comportamentos arriscados e a assumir a responsabilidade conjunta por atitudes alertas ao risco.

Os 4A e as três disciplinas centrais estabelecem hoje uma efetiva gestão do risco que continuará a ser efetiva amanhã. No capítulo 8, descrevemos como algumas tendências importantes para o amanhã podem afetar o risco de TI e como considerá-las nos termos dos 4A e das disciplinas centrais. Encerraremos este livro com um breve lembrete das 10 maneiras de os executivos poderem melhorar a gestão do risco de TI.

1. Trate o risco de TI como um risco comercial

Todo risco de TI tem uma conseqüência comercial. Pequenos incidentes muitas vezes indicam problemas maiores, e uma série de pequenas decisões de TI pode resultar em altos níveis de risco para o negócio. Uma falha tecnológica potencial capaz de ter sérias conseqüências para os negócios nunca é pequena, não importa quão ordinária ou normal ela pareça. Administrar o risco – inclusive o risco de TI – é uma responsabilidade fiduciária central de todo executivo. O risco deveria ser parte de toda conversa sobre a supervisão da TI.

2. Considere os riscos nos termos dos 4A – tanto para o longo como para o curto prazo

Decisões de curto prazo tomadas localmente têm conseqüências de longo prazo para a empresa como um todo. As conseqüências de decisões sobre o risco de TI se desenrolam com o tempo para cada item dos 4A. Nenhum executivo tem como entender o real significado de um risco de TI até que tenha examinado suas conseqüências de longo prazo para os itens dos 4A na empresa como um todo.

A maioria das decisões técnicas envolve acomodações conscientes ou inconscientes entre os 4 itens dos 4A. Se os executivos não deixarem claras as acomodações e tolerâncias ao risco, funcionários de nível inferior tomarão decisões com base em quaisquer pressupostos a que tiverem chegado a partir de decisões anteriores. É muito melhor compreender conscientemente e debater as acomodações do que ser surpreendido mais tarde pelos resultados da decisão de outra pessoa. Isso é especialmente importante no caso de empresas em rápido crescimento ou de empresas que estejam passando por grandes mudanças, em que o "procedimento operacional padrão" pode já não ser apropriado.

3. Tape os buracos no dique e esteja pronto para mais enchentes

O primeiro passo para reduzir o risco de TI é certificar-se de que o alicerce existente é tão forte quanto possível. Vazamentos ou rachaduras persistentes num alicerce podem derrubar até mesmo a mais forte estrutura. Comece com a gestão da continuidade dos negócios, um motor que reboca um longuíssimo trem. Ela identifica problemas com o alicerce e melhora o processo de governança do risco e a consciência do risco por toda a empresa, reduzindo simultaneamente os impactos potenciais de incidentes inevitáveis. Ao mesmo tempo, identifique e tape quaisquer buracos visíveis no alicerce que houverem resultado de descuido, desatenção, má estrutura ou falta de controles internos. Utilizar uma auditoria de TI para identificar todas as brechas e controles e implementar melhores práticas da indústria são boas maneiras de iniciar o processo.

4. Simplifique o alicerce

Um alicerce simplificado funciona melhor, custa significativamente menos para possuir e operar, é mais flexível, falha com menos freqüência e é mais facilmente consertado quando falha. Consolide e simplifique a infra-estrutura até que ela esteja o mais padronizada e enxuta possível. Poucas empresas podem se dar ao luxo de não simplificar a infra-estrutura com base apenas nos méritos financeiros.

A simplificação da infra-estrutura pode ocorrer rapidamente sob o controle do CIO, com relativamente pouca interrupção para os processos comerciais. Simplificar aplicações é mais difícil porque elas estão intimamente relacionadas com os processos comerciais. Quando o risco de viver com as aplicações existentes da firma supera o risco de substituí-las, uma rápida transformação – a rápida substituição de todas as aplicações, com todo o risco e trauma organizacional que isso implica – pode ser necessária. Na maioria dos casos, entretanto, o argumento em prol da simplificação das aplicações tem menos urgência imediata, e as empresas as substituem gradualmente, em um projeto por vez.

5. Crie estruturas e processos de governança de risco; embuta a gestão do risco de TI em todos os demais processos e decisões

O dilema central da gestão do risco de TI é que as pessoas mais capazes de tomar decisões de nível empresarial sobre as acomodações do risco são as menos capazes de entender ou de lidar com riscos detalhados na empresa como um todo. Gerentes aprofundados na empresa têm o conhecimento detalhado necessário para identificar e lidar com riscos, mas carecem da perspectiva empresarial que executivos de nível superior possuem (e vice-versa). Sem um processo de governança de risco, os cegos nunca entenderão o elefante, e pessoas com tolerâncias diferentes ao risco nunca chegarão a um acordo. Ao embutir a governança do risco de TI nos mais importantes processos decisórios, a empresa evita deixar-se cegar e consegue assumir mais riscos, e, portanto, mais oportunidades, com maior confiança. O processo de governança de risco proporciona um quadro de todos os riscos existentes em cada nível da empresa, de modo que os tomadores de decisões podem compará-los, decidir o que fazer a seu respeito e garantir que sejam administrados. O processo de gestão de risco também produz uma sensação de ordem e controle – ele instila a confiança, dentro e fora da empresa, de que o risco está sendo administrado apropriadamente. Por estas razões, um processo de governança de risco – com todos os esforços, investimentos, pessoas e políticas necessários – é mais do que um esforço burocrático. Ele deixa tudo funcionando suavemente para que a gestão do risco seja apenas uma outra parte de fazer negócios.

6. Proporcione a todos os funcionários uma consciência adequada dos riscos, vulnerabilidades e políticas mais importantes para eles

Uma empresa cujos funcionários não conheçam ou não entendam o risco de TI é uma empresa vulnerável. O poder da tecnologia moderna é imenso e altamente distribuído por natureza, independentemente de qual seja a missão ou a cultura da empresa. Funcionários de todos os níveis precisam saber como utilizar a TI com segurança, qual a face do perigo para eles e quais suas responsabilidades, como as políticas e padrões reduzem vulnerabilidades e o que fazer quando o perigo (como um alicerce fora de controle ou um empreiteiro agindo com irresponsabilidade) aparece. O processo contribui em muito para melhorar a conscientização, fazendo de atitudes conscientes do risco uma parte da vida diária. O treinamento e as comunicações freqüentes também são essenciais. Nossa pesquisa mostra que o treinamento em conscientização associa-se com um risco significativamente menor, em termos estatísticos, em cada um dos 4 itens dos 4A. Pessoas em diferentes partes da empresa precisam estar cientes de elementos diversos do risco de TI, mas todas precisam estar cientes.

7. Crie uma cultura de consciência do risco

A cultura em que não nos sentimos seguros para falar sobre o risco não tem como deter riscos; ela só pode sofrer as conseqüências. Pessoas avessas a riscos muitas vezes evitam compartilhar informações a respeito deles, o que resulta em incidentes custosos quando os riscos excedem o controle de um único indivíduo. Ou então elas resistem a assumir riscos comerciais úteis, o que aumenta o risco de agilidade.

Uma cultura de consciência do risco começa pelo topo. Somente os executivos podem criar uma cultura em que todos na empresa se sintam livres para falar abertamente do risco, para assumir riscos calculados e para trabalhar juntos reduzindo esses riscos até níveis aceitáveis. Os executivos conseguem isso fazendo perguntas regulares sobre os riscos, recompensando publicamente ações conscientes do risco e demonstrando, por meio de seu próprio comportamento, que a consciência do risco deve ser parte da cultura.

8. Mensure a efetividade

Você não tem como provar que alguma coisa não ocorreu graças a seus esforços de risco de TI, mas pode mensurar o esforço que dedica a seu programa, a freqüência e o impacto comercial de incidentes, os principais indicadores de riscos, níveis de consciência gerais e específicos de cada papel e a agilidade que a empresa adquire ao melhorar seu perfil de risco de TI. Níveis de serviço e eficiências comerciais não são a questão; a vulnerabilidade e o risco é que são. Adote medidas para guiar a consciência, os processos e a simplificação do alicerce; e demonstre a pessoas de dentro e de fora da empresa que a capacidade de gestão do risco e o desempenho comercial habilitados por um alicerce mais forte melhoram a cada dia.

9. Olhando para a frente

Uma capacidade de gestão de risco bem projetada deixa a firma mais ágil para se aventurar no futuro. Mas muitas mudanças futuras influenciarão o perfil de risco da firma ou exigirão ajustes em suas acomodações e em sua tolerância ao risco. Ao considerar futuras tendências ou ao implementar uma nova e grande iniciativa, esteja certo de discutir como os 4A serão influenciados e como as três disciplinas devem mudar para antecipar-se a essa mudança. Não prediga o futuro; imagine o futuro e os riscos que ele representa e defina as estratégias e ações que o ajudarão a prosperar.

10. Lidere pelo exemplo

Os executivos definem o tom das culturas que lideram. Os líderes devem deixar claro para todos na empresa, tanto por atos como por palavras, que os riscos devem ser encarados *abertamente*. Todos os funcionários, qualquer que seja a descrição de seu cargo, podem servir de exemplo a seus colegas soando o alarme quando o risco surgir, admitindo sua preocupação quanto a seus próprios riscos e pedindo ajuda quando precisarem. Vivenciar os comportamentos que exemplificam a gestão do risco é uma boa maneira de convencer os reticentes de que a gestão do risco não precisa ser uma carga extra e onerosa, mas apenas uma outra parte de fazer negócios.

Até que a empresa tenha o risco de TI sob controle, o valor representado pelos processos comerciais que sustentam a TI e a habilitam estará inerentemente em risco. Num mundo em que quase todo processo e relacionamento comercial é sustentado pela TI, há muito mais em jogo na gestão do risco de TI do que os dólares que a empresa investiu em tecnologia.

Executivos falam sobre o risco todos os dias. Todo executivo bem-sucedido assume riscos e os administra efetivamente para ter retornos acima do normal. Poucas pessoas, no entanto, gostam de falar sobre o risco. As discussões são desgastantes e incômodas. Elas consistem em fazer escolhas entre resultados menos que ideais, com menos informações do que os participantes gostariam de ter.

Não podemos prometer que este livro o ajudará a gostar de falar do risco de TI, mas esperamos, sim, que as ferramentas e exemplos que proporcionamos o deixem mais à vontade para ter essas conversas. Afinal de contas, são elas que convertem a gestão do risco de uma necessidade medonha em uma fonte de valor competitivo. Os executivos que pensam no risco de TI apenas em termos da pura aversão ao risco – termos apropriados para lidar com produtos químicos perigosos ou para preparar relatórios financeiros consolidados – deixam na mesa um valor que concorrentes menos avessos ao risco podem decidir explorar.

Quando o risco de TI é tratado como uma questão de observância, ele é apenas um custo a ser administrado. Mas se for tratado da maneira certa – desenvolvendo-se as três disciplinas de gestão de risco e discutindo-se o risco de TI em termos comerciais pelo uso dos 4A –, ele passa a ser mais do que isso. Ele gera valor de negócio de três maneiras: reduzindo os "incêndios" da TI, tornando o alicerce mais eficiente e capacitando a empresa a buscar oportunidades comerciais valiosas que os concorrentes poderiam considerar arriscadas demais para tentar.

Em outras palavras, uma empresa que administra o risco de TI efetivamente não é apenas uma empresa mais segura – é uma empresa mais ágil. Assim, desejamos-lhe sucesso em converter o risco de TI numa vantagem competitiva.

Notas

Introdução

1. N. do T.: os *stakeholders* são quaisquer pessoas ou grupos envolvidos nas atividades da empresa: funcionários, acionistas, clientes, fornecedores e outros.

2. Stephanie Overby, "Bound to fail", *CIO*, 1º de maio de 2005; e Bob Driehaus, "How it happened: onslaught overtaxed an old computer", *Cincinnati Post*, 28 de dezembro de 2004.

3. Idem.

4. Ibidem.

5. Ibidem.

6. As informações sobre a Tektronix ao longo de todo este livro provêm de um estudo de caso escrito por George Westerman, Mark Cotteleer, Robert Austin e Richard Nolan. "Tektronix, Inc.: Global ERP Implementation", Case 9-699-043 (Boston: Harvard Business School, 1999), bem como das anotações de ensino de Robert D. Austin, "Tektronix, Inc.: Global ERP Implementation", Teaching Note 5-602-078 (Boston: Harvard Business School, 2001), e dos Relatórios Anuais da Tektronix de 1999-2001.

7. Robert McMillan, "Troubled cardsystems to be sold", *InfoWorld*, 23 de setembro de 2005; "Cardsystems sold to california company", *Atlanta Business Chronicle*, 23 de setembro de 2005.

8. Dale Buss, "Nightmare", *Context Magazine*, primavera de 1998.

9. David Hencke, "Revenue lost up to £2bn in tax credit shambles", *Guardian*, 20 de novembro de 2003.

10. A divulgação generalizada de eventos de risco de TI é um fenômeno relativamente novo, um resultado das comunicações globais instantâneas e da maior transparência corporativa e pessoal – o que Richard designou como um "mundo sem segredos" em seu livro homônimo, *World Without Secrets* (Nova York: Wiley, 2002).

11. Nossa análise da pesquisa mostra que esses fatores têm uma correlação estatisticamente significativa com o maior risco de TI. Discutiremos os detalhes nos capítulos 3 a 6.

12. Eddie George, *Report of the Banking Supervision Inquiry into the Circumstances of the Collapse of Barings, Ordered by the House of Commons* (Londres: Her Majesty's Stationery Office, julho de 1995).

13. Westerman et al., "Tektronix, Inc."; Austin, "Tektronix, Inc." Teaching Note; e Relatórios Anuais da Tektronix de 1999-2001.

Capítulo 1

1. N. do T.: No original o nome do esquema é 4A, pois os quatro tipos de risco têm inicial A: *availability, access, accuracy* e *agility* – disponibilidade, acesso, precisão e agiliddae, respectivamente. Esse efeito se perde na tradução.

2. Há muitos CIOS e outros gerentes seniores de TI eficientes que conseguem expressar considerações técnicas numa linguagem comercial e mostrar como as decisões de TI se relacionam a dificuldades ou benefícios comerciais. Mas funcionários de TI de nível inferior muitas vezes têm problemas com isso. E mesmo os gerentes de TI mais focados nos negócios podem ter dificuldades em discutir o risco de TI em termos puramente comerciais. Esse é um dos propósitos deste livro: ajudar profissionais de TI e de negócios a encontrar uma linguagem comum para discutir os riscos de TI e as conseqüências comerciais.

Retrocedendo, poderíamos debater quão importante era o suporte *in loco* às 2 da manhã no mundo da Internet de 1997, mas, no fim das contas, não cabe a nós, externos, julgar isso. Discutir a probabilidade e o impacto dos itens dos 4A em termos comerciais pode ajudar profissionais de negócios e de TI a trabalhar juntos e fazer acomodações apropriadas que vão além de meramente considerar custos. Tomar a decisão ideal é menos importante do que tomar uma decisão que equilibre os riscos para a satisfação de todos.

3. O framework 4A parte do framework desenvolvido originalmente em "Understanding the enterprise's IT risk profile", Dossiê de Pesquisa IV(1C) (Cambridge, MA: Centro para Pesquisas sobre Sistemas de Informação da MIT Sloan School of Management, março de 2004). Ele foi subseqüentemente refinado em publicações como Richard Hunter, George Westerman e Dave Aron, "IT risk management: a little bit more is a whole lot better", Relatório de Pesquisa (Stamford, CT: Gartner Executive Programs, fevereiro de 2005); e George Westerman, "IT Risk

management: from IT necessity to strategic business value", documento de trabalho 366, Centro para Pesquisas sobre Sistemas de Informação da MIT Sloan School of Management, Cambridge, MA, dezembro de 2006.

4. Algumas empresas podem optar por acrescentar outro objetivo empresarial a esta lista, mas os 4A representam um conjunto conciso e claro dos mais importantes objetivos empresariais afetados pela TI. Se você adicionar outro objetivo, certifique-se de que ele é de fato independente. Por exemplo, o risco da reputação é, na verdade, um risco decorrente de um ou mais dos itens dos 4A, dependendo do que for mais importante para a empresa e seus clientes. Fazer da reputação um risco à parte pode complicar as acomodações da gestão do risco, com pouco benefício extra para a empresa.

5. George Westerman, Mark Cotteleer, Robert Austin e Richard Nolan, "Tektronix, Inc.: Global ERP Implementation", Case 9-699-043 (Boston: Harvard Business School, 1999); Robert D. Austin, "Tektronix, Inc.: Global ERP Implementation", Teaching Note 5-602-078 (Boston: Harvard Business School, 2001); e Relatórios Anuais da Tektronix de 1999-2001.

6. Hunter, Westerman e Aron, "IT risk management: a little bit more is a whole lot better."

7. Richard Woodham e Peter Weill, "Manheim interactive: selling cars online", documento de trabalho 314, Centro para Pesquisas sobre Sistemas de Informação da MIT Sloan School of Management, Cambridge, MA, fevereiro de 2001.

8. Idem.

9. Virtual Services, Inc. é um pseudônimo.

Capítulo 2

1. As três disciplinas centrais fazem uso de um framework desenvolvido originalmente em George Westerman, "Building IT risk management effectiveness", Dossiê de Pesquisa IV(2C) (Cambridge, MA: Centro para Pesquisas sobre Sistemas de Informação da MIT Sloan School of Management, julho de 2004). Ele foi posteriormente refinado em publicações como Richard Hunter, George Westerman e Dave Aron, "IT risk management: a little bit more is a whole lot better", relatório de pesquisa (Stamford, CT: Gartner Executive Programs, fevereiro de 2005); e George Westerman, "IT risk management: from IT necessity to strategic business value", documento de trabalho 366, Centro para Pesquisas sobre

Sistemas de Informação da MIT Sloan School of Management, Cambridge, MA, dezembro de 2006.

2. Dave Aron e Andrew Rowsell-Jones, "Get real: the future of IT infra-structure", Relatório de Pesquisa (Stamford, CT: Gartner Executive Programs, dezembro de 2004).

3. Essas informações sobre a Celanese vêm de entrevistas não publicadas feitas por George Westerman em 2004 e 2005 com Karl Wachs e outros membros da equipe de gestão sênior de TI da empresa. Informações resumidas e citações foram incluídas em "IT risk management: four CIO vignettes", vídeo (Cambridge, MA: Centro para Pesquisas sobre Sistemas de Informação da MIT Sloan School of Management, 2005).

Capítulo 3

1. ChipCo é um pseudônimo.

2. Dave Aron e Andrew Rowsell-Jones, "Get real: the future of IT infra-structure", Relatório de Pesquisa (Stamford, CT: Gartner Executive Programs, dezembro de 2004).

3. Idem.

4. Robert Ridout, CIO global da DuPont, entrevistado por Richard Hunter, gravação em fita, 11 de julho de 2006.

5. Jim Barrington, entrevistado por George Westerman e Peter Weill, in Peter Weill et al., "Effective IT oversight: experienced CIOs comment", vídeo (Cambridge, MA: Centro para Pesquisas sobre Sistemas de Informação da MIT Sloan School of Management, 2005).

6. A pirâmide do risco de TI foi publicada em vários estágios de refinamento em Richard Hunter, George Westerman e Dave Aron, "IT risk management: a little bit more is a whole lot better", Relatório de Pesquisa (Stamford, CT: Gartner Executive Programs, fevereiro de 2005); George Westerman, "The IT risk pyramid: where to start with risk management", Dossiê de Pesquisa V(1D) (Cambridge, MA: Centro para Pesquisas sobre Sistemas de Informação da MIT Sloan School of Management, março de 2005); e George Westerman, "IT risk management: from IT necessity to strategic business value", documento de trabalho 366, Centro para Pesquisas sobre Sistemas de Informação da MIT Sloan School of Management, Cambridge, MA, dezembro de 2006.

7. "Case studies in crisis management: how Wal-Mart, FedEx and Home Depot got the job done", *Fortune*, 21 de setembro de 2005.

8. Roberta Witty, "Business continuity management today: from hurricanes to blackouts to terrorism" (documento apresentado à Gartner IT Security, Washington, DC, 5-7 de junho de 2006).

9. Idem.

10. Chuck Tucker e Richard Hunter, "September 11: business continuity lessons", Relatório de Pesquisa (Stamford, CT: Gartner Executive Programs, maio de 2002).

11. Várias empresas que entrevistamos disseram terceirizar suas operações de TI porque o fornecedor pode proporcionar a recuperação de desastres de modo mais baratao e efetivo do que eles próprios poderiam.

12. Tucker e Hunter, "September 11".

13. Vipul Shah e Manishwar Singh, entrevistados ao telefone por George Westerman, gravação em fita, 26 de outubro de 2005.

14. Bob Sullivan, "Huge identity theft ring busted—Help-desk worker alleged point man in theft of 30,000 IDs", com a Associated Press, MSNBC.com, 25 de novembro, 2002. Disponível em: www.msnbc.msn.com/id/3078518/.

15. John Pescatore e Avivah Litan, "Data protection is less costly than data breaches", Research Note G00130911 (Stamford, CT: Gartner, 16 de setembro de 2005).

16. Idem.

17. David Colker e Joseph Menn, "ChoicePoint had earlier data leak", Los Angeles Times, 2 de março de 2005.

18. Não estão incluídos 18 grandes "controles de aplicações" (inclusive elementos como controles de origem/autorização de dados, controles de inserção de dados, controles de processamento de dados, controles de saída de dados e controles de fronteira) porque, como diz a Cobit 4.0, "[a] responsabilidade pelo controle e gestão operacionais no caso dos controles de aplicações não é da TI, mas do detentor do processo comercial". Ver a Cobit 4.0, disponível em www.isaca.org.

19. A Itil está disponível em www.itil.co.uk. A ISO 17799 está disponível em www.iso.org.

20. PricewaterhouseCoopers e IT Governance Institute, "IT governance global status report-2006". Disponível em www.isaca.org/AMTemplate.cfm?Section=ITGI

_Research_Publications&Template=/ContentManagement/ContentDisplay.cfm&ContentID=24224.

21. Richard Hunter e Matt Light, "Methodology and Productivity Study: The Data", Research Note SPA-480-1505 (Stamford, CT: Gartner, 27 de junho de 1997); Richard Hunter e Matt Light, "Methodology and Productivity Study: The Analysis", Research Note SPA-480-1506 (Stamford, CT: Gartner, 27 de junho de 1997).

Capítulo 4

1. Dale Buss, "Nightmare", *Context Magazine*, primavera de 1998.

2. George Westerman, Mark Cotteleer, Robert Austin e Richard Nolan, "Tektronix, Inc.: Global ERP Implementation", Case 9-699-043 (Boston: Harvard Business School, 1999); Robert D. Austin, "Tektronix, Inc.: Global ERP Implementation", Teaching Note 5-602-078 (Boston: Harvard Business School, 2001); e Relatórios Anuais da Tektronix de 1999-2001.

3. Idem.

4. Richard Ross, CIO, Amerada Hess, entrevistado por Richard Hunter, adaptado de Richard Hunter e Dave Aron, "From value to advantage: exploiting information", Relatório de Pesquisa (Stamford, CT: Gartner Executive Programs, junho de 2004).

5. Informações e citações relacionadas à HUD provêm de Lisa Schlosser, CIO, HUD, entrevistada por Richard Hunter, adaptado de Richard Hunter e Dave Aron, "High value, high risk: managing the legacy portfolio", Relatório de Pesquisa (Stamford, CT: Gartner Executive Programs, setembro de 2006).

6. Adaptado de Hunter e Aron, "High value, high risk".

7. Idem.

8. Westerman et al., "Tektronix, Inc."; Austin, "Tektronix, Inc." Teaching Note; e Relatórios Anuais da Tektronix de 1999-2001.

9. Adaptado de Hunter e Aron, "High value, high risk."

10. Informações e citações relacionadas à Amerada Hess provêm de Richard Ross, CIO, Amerada Hess, entrevistado por Richard Hunter, adaptado de Hunter e Aron, "From value to advantage".

11. Um *data mart* [armazém de dados] é uma aplicação que combina e reconcilia informações de múltiplas fontes, usualmente para os fins de relatório e análise.

12. Esta seção é adaptada de Hunter e Aron, "High value, high risk".

13. Rob Pyne, CIO, Amcor, entrevistado por Richard Hunter, em Hunter e Aron, "High value, high risk".

14. Informações e citações com respeito à FAIT Canada provêm de Pierre Sabourin, CIO, FAIT Canada, entrevistado por Richard Hunter, em Richard Hunter e Dave Aron, "High value, high risk".

Capítulo 5

1. As informações desta seção provêm de George Westerman e Robert Walpole, "PFPC: building and IT risk management competency", documento de trabalho 352, Centro para Pesquisas sobre Sistemas de Informação da MIT Sloan School of Management, Cambridge, MA, abril de 2005.

2. Já vimos as linhas sendo arranjadas efetivamente das duas maneiras em organizações diferentes. Algumas organizações não têm um diretor de risco corporativo (ou líder de observância ou outro campo relacionado). Nesses casos, o diretor de risco de TI se reporta usualmente ao CIO.

3. As informações sobre a PFPC provêm de Westerman e Walpole, "PFPC".

4. Na maioria das empresas, entretanto, e inclusive em grandes companhias de serviços financeiros como a PFPC, seria incomum um risco de TI ficar no topo da lista, dado o grande impacto potencial, por exemplo, dos riscos de crédito ou mercado. Tendo dito isso, não é incomum que o risco de TI fique próximo ao topo durante grandes transformações de TI. Em duas firmas que estudamos, o risco de transformação da TI estava entre os 5 maiores riscos empresariais a serem regularmente analisados pelo conselho corporativo.

5. Richard Hunter, George Westerman e Dave Aron, "IT risk management: a little bit more is a whole lot better", Relatório de Pesquisa (Stamford, CT: Gartner Executive Programs, fevereiro de 2005). Um registro de riscos é um histórico contínuo de riscos e de seu status. Ele registra todos os riscos identificados para que estes possam ser comparados e monitorados e assegura que o status de um risco seja consultado a qualquer momento com um esforço mínimo. Em outras palavras, o registro de riscos é a memória formal da empresa sobre seus riscos e planos associados. Como tal, ele é uma importante ferramenta para habilitar um processo efetivo de governança do risco. Discutiremos os registros de risco com mais detalhes adiante neste capítulo.

6. Tom Prince, múltiplas entrevistas ao telefone e em pessoa por George Westerman, gravação em fita, Portsmouth, NH, 2 de fevereiro de 2004, e Cambridge, MA, 2004-2006.

7. Conversamos com muitos gerentes de risco que experimentaram metodologias mais complexas, como a análise de Monte Carlo, mas não encontramos ninguém que considerasse que essas abordagens valiam o tempo e o esforço, exceto para avaliar riscos na gestão de projetos.

8. Stephanie Overby, "Bound to Fail", CIO, 1º de maio de 2005; e Bob Driehaus, "How it happened: onslaught overtaxed an old computer", *Cincinnati Post*, 28 de dezembro de 2004.

9. Richard Hunter e Kristen Noakes-Frye, "Case study: information security governance at TeliaSonera", Research Note G00136835 (Stamford, CT: Gartner, 28 de fevereiro de 2006).

10. A liderança das avaliações se alterna entre os membros da equipe de cooperação da TeliaSonera e o nível de implementação de sua estrutura de governança de TI.

11. A abordagem cooperativa da TeliaSonera é sustentada ainda por um processo de escalação estruturado para lidar com exceções à política, de modo que a cooperação não é a única ferramenta a assegurar a observância da política.

12. As informações e citações apresentadas aqui sobre a PFPC provêm de Westerman e Walpole, "PFPC".

Capítulo 6

1. O típico ataque de *phishing* é efetuado por meio de um e-mail urgente que finge ser de um banco, do eBay, da Paypal ou de outra empresa conhecida e pede que os destinatários se cadastrem em um site e digitem sua identidade, senha e outras informações delicadas. O site é uma farsa operada por criminosos interessados em roubar informações pessoais para lucros. Ver Susannah Fox, *Spyware* (Washington, DC: Pew Internet & American Life Project, 6 de julho de 2005).

2. Amy Edmondson, "Psychological safety and learning behavior in work teams", *Administrative Science Quarterly* 44, n. 2 (1999): 350-383.

3. Don Peppers e Martha Rogers, "The new ChoicePoint: a privacy success story", Inside 1to1: Privacy, 14 de dezembro de 2006.

4. Todo o material deste caso é baseado em entrevistas em Dallas, Texas, feitas por George Westerman com Karl Wachs e outros membros da equipe administrati-

va da Celanese, suplementado por Scott Berinato, "A day in the life of Celanese's Big ERP Rollup", CIO, 15 de janeiro de 2003. As citações correspondentes de Karl Wachs estão incluídas no vídeo "IT risk management: four CIO vignettes" (Cambridge, MA: Centro para Pesquisas sobre Sistemas de Informação da MIT Sloan School of Management, 2005).

5. Patrick Purcell, múltiplas entrevistas por George Westerman, 2003-2006. As citações estão incluídas em "IT risk management: four CIO vignettes".

6. As informações para este estudo de caso provêm de Janet Nudds, entrevistada por Richard Hunter em março de 2003, e de John Goddard, gerente de segurança global de e-serviços da BOC, entrevistado por Richard Hunter em outubro de 2004, tal como originalmente publicado em Richard Hunter, "IT risk management: the office of the CIO action plan", Relatório de Pesquisa (Stamford, CT: Gartner, dezembro de 2006).

7. A escolha do risco dos projetos foi uma primeira meta sensata para a gestão do risco de TI. Uma pesquisa da Gartner mostra que a organização de TI típica gasta aproximadamente 20% de seus recursos de desenvolvimento em projetos fracassados, e um programa simples destinado a descobrir se projetos em início carecem de um ou mais entre uma gama de fatores de sucesso críticos pode reduzir esse desperdício em 50% ou mais. Ver Richard Hunter, George Westerman e Dave Aron, "IT risk management: a little bit more is a whole lot better", Relatório de Pesquisa (Stamford, CT: Gartner Executive Programs, fevereiro de 2005).

8. Relatório Anual do Grupo BOC em 2003.

Capítulo 7

1. Relatório anual do Royal Bank of Canada em 2004: disponível em www.rbc.com /investorrelations/ar_04.html.

2. Bob Tedeschi, "Privacy is common issue online", New York Times, 3 de junho de 2002.

3. EquipCo é um pseudônimo.

4. PartCo é um pseudônimo.

5. Pesquisas sobre a governança de TI demonstraram ser esse o mais poderoso indicador de um arranjo bem-sucedido de governança de TI. Ver Peter Weill e Jeanne Ross, *IT governance: how top performers manage IT decisions rights for superior results* (Boston: Harvard Business School Press, 2004).

6. Gartner, Inc., entrevista com a equipe de segurança de TI da Microsoft feita por Richard Hunter em maio de 2005.

7. Pesquisa entre membros da Gartner Executive Programs nos Estados Unidos, na Europa/Oriente Médio/África e nas regiões do Pacífico, junho de 2005.

8. Paul Erbach, entrevistado por Richard Hunter, in Richard Hunter, George Westerman e Dave Aron, "IT risk management: a little bit more is a whole lot better", Relatório de Pesquisa (Stamford, CT: Gartner Executive Programs, fevereiro de 2005).

9. Hans-Henrik Mejloe, entrevistado por Dave Aron, in Dave Aron e Patrick Meehan, "Driving enterprise agility", Relatório de Pesquisa (Stamford, CT: Gartner Executive Programs, abril de 2005).

Capítulo 8

1. Jess J. Holland, "ChoicePoint ID thefts prompt hearings", Associated Press, 24 de fevereiro de 2005; e Tom Zeller Jr., "U.S. settles with company on leak of consumers' data", *New York Times*, 27 de janeiro de 2006.

2. Em 31 de março de 2006, o Comitê de Comércio e Energia Doméstica aprovou unanimemente a Lei de Confiança e Responsabilidade por Dados, também conhecida como HR 4127. A lei requer que as organizações informem as pessoas cujos dados são "adquiridos por pessoa não autorizada" no caso de uma brecha de dados "se houver uma base razoável para concluir que existe um risco significativo de roubo de identidade". A lei também requer que as corretoras de dados estabeleçam políticas de segurança e pede auditorias de organizações com brechas na segurança. Disponível em http://thomas.loc.gov/cgi-bin/query/z?c109:H.R.+4127.

As principais provisões da Lei de Segurança e Privacidade dos Dados Pessoais, de 2004, proposta pelo senador Arlen Specter (R-PA), chefe do Comitê Judiciário do Senado, e pelo senador Patrick Leahy (D-VT), membro do partido minoritário no painel, incluem (1) maiores penalidades criminais pelo roubo de identidade envolvendo dados pessoais eletrônicos e pela fraude computacional envolvendo dados pessoais, e (2) criminalizar a ocultação de brechas na segurança envolvendo dados pessoais. Além disso, as empresas precisam dar aos indivíduos acesso a (e oportunidade de correção de) quaisquer informações pessoais possuídas por corretoras de dados; estabelecer políticas internas que protejam esses dados e proíbam os terceiros contratados de processá-los; informar indivíduos e a lei quando uma brecha envolvendo dados pessoais delicados ocorrer; e outras responsabilidades. Disponível em http://leahy.senate.gov/press/200506/062905a.html.

3. "Alguns dados empíricos sugerem que a freqüência de transações de fechamento do capital aumentou após a aprovação da Sarbanes-Oxley", Marc Morgenstern, Peter Nealis e Kahn Kleinman, LPA, "Going private: a reasoned response to Sarbanes-Oxley?" U.S. Securities and Exchange Commission, 2004, disponível em www.sec.gov/info/smallbus/pnealis.pdf. Ver Grant Thornton LLP, "Post Sarbanes-Oxley: number of public companies going private increases 30 percent", 15 de dezembro de 2003, disponível em: www.grantthornton.com (esse artigo nota um aumento de 30% nas transações de fechamento do capital durante os 16 meses imediatamente posteriores à aprovação da lei, em comparação com os 16 meses imediatamente anteriores); David A. Stockton et al. "Going private: the best option?" in *National Law Journal*, 23 a 30 de junho de 2003 (estes autores citam um estudo pela FactSet Mergerstat indicando que os acordos de fechamento de capital como porcentagem das transações de fusão e aquisição aumentaram aproximadamente 23,7% de 2001 para 2002). Ver também Stephen Pounds, "Software firm grabs the bootstraps", *Palm Beach Post*, 29 de dezembro de 2003 (esse artigo observa que 99 companhias dos EUA fecharam o capital nos 12 meses precedentes). Ver ainda Gregory R. Samuel e Sally A. Schreiber, *Going Private Transactions*, 40-SPG TEX. J. BUS. LAW 85, 88 (2004) (esses autores observam que o número de transações de fechamento de capital diminuiu de 2002 para 2003). "Quase tudo faz você coçar a cabeça e se perguntar: 'Por que somos uma empresa de capital aberto?'". Pounds, "Software firm grabs the bootstraps" (citando Marc Morgenstern).

4. Emma Connors e Eric Johnson, "Banks double basel II spending", in *Australian Financial Review*, 10 de abril de 2006.

5. Paul Erbach, entrevistada por Tina Nunno, in Tina Nunno, Marcus Blosch e Lily Mok, "Emerging markets—A 'lite' touch", Relatório de Pesquisa (Stamford, CT: Gartner Executive Programs, fevereiro de 2006).

6. Ver, por exemplo, www.bankofamerica.com/privacy/sitekey/, ou clique na guia "Prevent Password Theft" em https://login.yahoo.com/config/login_ verify2?&. src=ym.

7. Andrew Kantor, "Sony: the rootkit of all evil?" *USA Today*, 17 de novembro de 2005, disponível em http://usatoday.com/tech/columnist/andrewkantor/2005-11-17-sony-root kit_x.html; e Bruce Schneier, "Real story of the rogue rootkit", *Wired News*, 17 de novembro de 2005, disponível em www.wired.corn/news/privacy/0,1848,69601,00.html.

8. Richard Hunter, *World without secrets* (Nova York: Wiley, 2002).

9. Clive Thompson, "Google's China problem (and China's Google problem)", *New York Times Magazine*, 23 de abril de 2006.

10. As informações e citações referentes à OSF HealthCare provêm de Michael Nausman, entrevistado por Richard Hunter, in Richard Hunter e David Aron, "High value, high risk", Relatório de Pesquisa (Stamford, CT: Gartner Executive Programs, setembro de 2006).

Índice Remissivo

Accenture, 4, 5
acesso no framework 4A
    descobertas comuns das auditorias de risco, 64-68
    descrito, 20-24
    na pirâmide do risco, 50-53
    perguntas de nível executivo sobre, 22, 23
    perguntas de nível operacional sobre, 24
agilidade no framework 4A
    descrita, 20-24
    exemplo empresarial de risco envolvendo a, 3-5
    na pirâmide do risco, 50-53
    perguntas de nível executivo sobre, 22-23
    perguntas de nível operacional sobre, 27
Amazon.com, 174, 175
Amcor, 88, 89
Amerada Hess, 74-76, 83-86
análise do impacto nos negócios (AIN) (BIA), 57
aplicações, 36-38 (*Ver* simplificação de infra-estrutura e aplicações)
arquitetura
    definida, 77, 78
    exemplos empresariais, 77-80
    importância da, 79, 80
    papel na visão de negócios, 76, 78
auditoria de TI
    descobertas comuns, 64-68
    realização, 63, 64

Bank of America, 173, 174
Barings Bank, 9, 10
Barnardo's, 24-26, 106-108
Barrington, Jim, 18, 19
Basiléia II, 154, 155, 169-172
Bekker, Toni, 113-115
Biogen Idec, 136
BOC Gases, 138-141

CardSystems Solutions, Inc., 4, 5
Celanese Chemical, 127-131
Chevron Phillips Chemical, 125
ChipCo, 47-49, 125, 126
ChoicePoint, 62, 63, 127, 128, 169, 170
Cobit, 68-70
Comair, 2-4, 112, 113
consciência do risco de TI (*Ver* cultura de consciência do risco)
conselho de implementação, 97, 98
conselho de política do risco, 97, 98
consertos no alicerce
    criando e testando um plano de continuidade dos negócios (*Ver* gestão da continuidade dos negócios)
    descobertas comuns das auditorias de risco, 64-68
    importância da atenção da gerência, 61-63
    pela simplificação (*Ver* simplificação de infra-estrutura e aplicações)
    perigos de ignorar brechas, 60-62
    realizando uma auditoria, 63, 64
    salvaguardas básicas, 62, 63

uso de controles e frameworks padrão, 68-70
visão geral do conserto do alicerce, 53-55
cultura de consciência do risco
    adotando um novo exemplo cultural, 128-131
    atingindo competência na, 147-150
    avaliando os efeitos de novas estratégias comerciais, 176
    características da, 125, 126
    características de competência e excelência, 150, 151
    clientes externos e, 132-135
    contra a cultura avessa ao risco, 126-128
    elo com a cultura organizacional existente, 151-153
    elo entre o treinamento e a redução do risco, 130-132
    escolha do público, 132-134
    escopo de consciência necessário aos executivos, 136, 137
    escopo de consciência necessário aos funcionários de TI, 136-139
    escopo de consciência necessário aos gerentes, 136, 137
    exemplo de adoção de umprograma de conscientização, 131-134
    importância da, 140, 141, 182, 183
    lista de checagem para escolher uma disciplina focal, 157, 158
    natureza descendente da, 43-45
    papel da sabotagem pelos internos, 137, 138
    papel dos executivos em mudar a cultura do risco, 127-130
    papel dos executivos em reforçar, 138-141, 182-185
    sintomas da desatenção, 8-10
    sumário, 44, 45
    tempo necessário para adquirir, 138, 139
    visão geral, 42-44
cultura, companhia e risco (*Ver* cultura de consciência do risco)

Diretiva para a proteção de dados da UE, 156, 157, 166
disciplina do alicerce
    atingindo competência com, 144-146
    características de competência e excelência, 149, 150
    como disciplina focal, 158-166
    complexidade em relação ao risco, 8-9
    descrita, 33-35
    elementos de uma sólida, 49, 180, 181
    encontrando e reparando problemas (*Ver* consertos no alicerce)
    exemplo empresarial de uma bem projetada, 47-49
    implicações de novas estratégias de negócio, 175
    lista de checagem para escolher uma disciplina focal, 158-160
    na hierarquia dos 4A, 50-54
    orçando por melhorias, 89-91
    passos para melhorar, 436-38
    prevendo o risco em relação com o valor e, 87-90
    sumário do, 38
    superando um alicerce fraco, 152-154
    vantagens de estabelecer um alicerce forte, 154-156
    vantagens financeiras de simplificar, 48-51, 181, 182
disciplina focal
    a cultura de consciência do risco como, 157, 158
    escolhendo a, 144, 145, 156-161
    o alicerce como, 159-166
    o processo de governança de risco como, 162-166
disciplinas centrais da gestão do risco de TI
    alcançando competência nas, 144-150
    alicerce (*Ver* disciplina do alicerce)
    características da competência e excelência, 149-151, 166
    competência em todos os exemplos, 143, 144
    consciência do risco (*Ver* cultura de consciência do risco)
    considerações do tamanho da empresa, 154, 155

considerações geográficas, 155-157
considerações sobre a capacidade
    existente, 156, 157
escolhendo uma disciplina focal, 144,
    145, 156-161
implicações de nova estratégia
    comercial, 175-178
interdependências, 44, 45
processo de gestão (*Ver* processo de
    gestão de risco)
relação com os 4A, 32, 33
visão geral, 11, 12, 31-34
disponibilidade no framework 4A
    descobertas comuns das auditorias de
        risco, 66, 67
    descrita, 20, 21
    exemplo empresarial de risco
        envolvendo a, 3-4
    perguntas de nível executivo sobre, 22,
        23
    perguntas de nível operacional sobre,
        24
    na pirâmide do risco, 50-53

eBay, 135
EquipCo, 143, 144, 153
equipe de gestão do risco, 97-99
Erbach, Paul, 159-161
estratégia de TI (*Ver* gestão do risco)
executivos
    escopo de consciência do risco
        necessário a, 136, 137
    natureza descendente da cultura de
        consciência do risco, 43-45
    papel do patrocinador no processo de
        gestão de risco, 97, 98
    papel em mudar a cultura do risco,
        127-130, 138-141
    papel na gestão do risco, 184, 185
    perguntas a fazer dentro do framework
        4A, 22, 23
Experian Corporation, 61, 62

Foreign Affairs and International Trade
    (FAIT), Canada, 89-91

FoxMeyer, 4-5
Framework 4A
    acesso (*Ver* acesso no framework 4A)
    agilidade (*Ver* agilidade no framework
        4A)
    analisando as acomodações entre riscos,
        24-28
    considerando o risco nos termos do,
        180, 181
    descrito, 19, 20
    disciplinas centrais e, 32, 33
    disponibilidade (*Ver* disponibilidade no
        framework 4A)
    hierarquia, 50-54
    perguntas de nível executivo sobre, 22,
        23
    perguntas de nível operacional sobre,
        23-26
    pondo o risco de TI em termos
        comerciais, 20, 21
    precisão (*Ver* precisão no framework 4A)
    riscos regulamentares, 169, 170
    usando para resolver discórdias, 27-30
funcionários de TI
    escopo de consciência do risco
        necessário a, 136-139
    papel no processo de governança de
        risco, 99-101
    perguntas para fazer dentro do
        framework 4A, 23-26
fusões e sistemas de TI, 25-27

gerentes
    escopo de consciência do risco
        necessário a, 136, 137
    papel no processo de governança de
        risco, 99
    perguntas para fazer dentro do
        framework 4A, 22, 23
gestão da continuidade dos negócios (GCN)
    análise do impacto nos negócios (AIN),
        57
    criação de planos, 58-60
    implementação e teste de planos, 60, 61
    importância da, 55, 56
    passos para uma efetiva, 55, 56

governança de TI (*Ver* processo de governança de risco)
gestão do risco
    consideração de forças externas, 168-172
    consideração de necessidades futuras, 183-185
    cultura de consciência do risco e estratégia, 176
    disciplinas centrais e, 175, 176
    efeito da estratégia nas disciplinas centrais, 176-178
    fluxograma da seqüência do planejamento, 167, 168
    framework 4A (*Ver* framework 4A)
    implicações do risco de TI de novos mercados/clientes, 174, 175
    implicações do risco de TI de novos produtos/serviços, 172-175
    implicações do risco de TI de parcerias, 171-173
    maneiras de melhorar, 179-185
    mensurando a efetividade, 183, 184
    o risco de TI de uma perspectiva comercial, 5-7, 15-17, 179, 180
    papel dos executivos na, 184, 185
    tamanho do risco percebido e, 18, 19
    visão holística do risco de TI, 16-19
Google, 174, 175
Gramm-Leach-Bliley, 154-157

Habitação e Desenvolvimento Urbano dos EUA, Departamento de, (HUD), 75-77
Harte, Michael, 94-96, 100-105, 120, 121
HIPAA, 154-157, 169, 170
Hoechst/Celanese, 42-44
Home Depot, 54, 55

identificação e avaliação do risco
    avaliando a probabilidade, 106-109
    enfoque nas vulnerabilidades, 112, 113
    freqüência da, 105, 106
    lidando com o risco de baixa probabilidade, 109-111
    mecanismos para, 108-112
    monitorando e rastreando riscos, 1112-116
    níveis comerciais em que ela ocorre, 105, 106
    passos típicos do processo de avaliação, 114, 115
    priorizando o risco e atribuindo responsabilidades, 111, 112
    propósito de, 105-108
ING Direct, 77-80
ING Insurance Americas, 131-134
ISO 17799, 68, 69, 104, 105
Itil, 68-70

Leeson, Nick, 9, 10
Lei dos Patriotas dos EUA, 154-157, 169, 170

Manheim Interactive, 27, 28
Mejloe, Hans-Henrik, 162-166
MetLife, 77-80
Microsoft, 127, 128, 170, 171

Nauman, Michael, 176-178
Neun, Carl, 72-75
Novartis, 18, 19, 49, 50
Nudds, Janet, 139, 140

Ofori-Boateng, Kwafo, 101, 102
OSF HealthCare, 176-178

PartCo, 143, 144
perspectiva comercial do risco de TI (*Ver* gestão do risco)
Pew Internet & American Life Project, 125, 126
PFPC
    implementação do processo de governança de risco, 119-124
    necessidade de um processo de governança de risco, 94-96

painel de risco, 116
papéis do processo de governança de risco, 100-104
passos do processo de avaliação, 115
registro de risco, 117-119
pirâmide do risco, 57-60
precisão no framework 4A
    descobertas comuns das auditorias de risco, 67, 68
    descrita, 20-24
    na pirâmide do risco, 50-53
    perguntas de nível executivo sobre, 22, 23
    perguntas de nível operacional sobre, 24
Prince, Tom, 108, 109
processo de governança de risco
    atingindo competência com, 146-148
    avaliando o risco (**Ver** identificação e avaliação do risco)
    avaliando os efeitos de novas estratégias comerciais, 176
    características de competência e excelência, 149-151
    como disciplina focal, 162-166
    exemplo de implementação, 119-124
    exemplo empresarial da necessidade de, 94-96
    governança definida, 7, 8
    identificando o risco (**Ver** identificação e avaliação do risco)
    lista de checagem para escolher uma disciplina focal, 157, 158
    necessidade de, 93-95, 181-183
    papéis na prática, 100-104
    papéis no, 97-101
    passos no, 103, 104
    perigos de um fraco, 6-9, 39-42
    política de risco e definição dos padrões, 104, 105
    práticas de um efetivo, 116-120
    sumário, 41, 42
    vantagens da abordagem em multicamadas, 96, 97
    visão geral, 39, 40
Projeto de Lei Estadual n. 1.386 da Califórnia, 169, 170

Purcell, Patrick, 136
Pyne, Rob, 88, 89

Rademacher, Randy, 3
registro do risco, 116-118
Relatório Turnbull, RU, 156, 157
Risco de TI
    abordagem da pesquisa, 6, 7
    administrando (**Ver** gestão do risco)
    causas do, 6-10
    conseqüências comerciais de ignorar, 1-6
    conseqüências de interdependências múltiplas, 3-5
    definido, 1
    disciplinas centrais (**Ver** disciplinas centrais da gestão do risco de TI)
    gerando valor de negócio lidando bem com, 10-12
    pirâmide do, 50-54
risco regulamentar, 169, 170
Ross, Richard, 83-86
Royal Bank of Canada, 143

Sabourin, Pierre, 89-91
Sampension, 162-166
SAP, 5
Sarbanes-Oxley, Lei, 156, 157, 169-172
Schlosser, Lisa, 76, 77
Shure, 159-164, 172, 173
simplificação de infra-estrutura e aplicações
    argumento comercial para substituir uma aplicação legada, 81-83
    abordagem "devagar-e-sempre", 74-76, 83-86
    definição de arquitetura, 76-80
    dificuldade de mudar as aplicações, 71-74
    infra-estrutura definida, 36-38, 71, 73
    o ponto de desequilíbrio para a mudança nas aplicações legadas, 80-83, 85-90
    passos para a simplificação da infra-estrutura, 80, 81
    passos para a transformação, 75, 77

rápida transformação versus mudança incremental, 72-75
Sony Music, 173-175

Tata Consultancy Services, 60
TD Banknorth, 108, 109
Tektronix, 3-5, 10, 11, 21, 72-75, 80, 81
TeliaSonera, 113-115
treinamento na consciência do risco, 130-132

U.K. Inland Revenue, 4-6

Vance, Jim, 72-75
Virtual Services, Inc. (VSI), 27-30, 174, 175

Wachs, Karl, 127-131
Wagner, Tom, 58
Wal-Mart, 54, 55
Witty, Roberta, 58

Sobre os Autores

George Westerman é cientista pesquisador no Centro para Pesquisas sobre Sistemas de Informação da MIT Sloan School of Management. Ele se concentra em tópicos da alçada dos CIOs, como gestão de risco, inovação e valor da TI. Utiliza métodos acadêmicos rigorosos com um enfoque voltado à prática, para proporcionar aconselhamento tecnológico a executivos de TI e de outras áreas. Suas pesquisas já foram publicadas em vários estudos de caso, artigos, capítulos de livros e relatórios da indústria.

George também é chefe do corpo docente do curso "IT for the Non-IT Executive", da MIT Sloan Executive Education. Antes de receber seu doutorado pela Harvard Business School, ele teve mais de 15 anos de experiência em administração e tecnologia da informação. É um palestrante freqüente em eventos corporativos e da indústria e presta consultoria regularmente a organizações sobre tópicos ligados à gestão de TI.

Richard Hunter é vice-presidente de grupo e diretor de pesquisa da Gartner Executive Programs, e seu trabalho mais recente tem se concentrado na segurança das informações e em questões de gestão do risco de TI para CIOs. Hunter é autor do aclamado livro *World Without Secrets* (Wiley, 2002). É bastante requisitado como palestrante e consultor.

Hunter foi eleito Gartner Fellow em 2003. Graduou-se como bacharel pela Universidade de Harvard. É um tocador de gaita de nível internacional e continua a compor e tocar, sendo autor de *Jazz Harp,* o mais vendido método mundial para gaiteiros de rock e de jazz (Oak Publications, 1980).

GOVERNANÇA DE TI – TECNOLOGIA DA INFORMAÇÃO
Como administrar os direitos decisórios de TI na busca por resultados superiores.

Um grande número de iniciativas de TI tem fracassado em proporcionar os resultados essenciais que as empresas esperavam. Neste importante livro, os especialistas Peter Weill e Jeanne W. Ross explicam por quê – e mostram exatamente o que as empresas devem fazer para colher os reais frutos de seus investimentos em TI.

Com base num estudo feito junto a 250 empresas de todo o mundo, Weill e Ross afirmam que o valor de negócios de TI resulta diretamente de uma governança de TI eficaz – da alocação, pela empresa, da responsabilidade e dos direitos decisórios. Suas pesquisas revelam que empresas com governança de TI superior têm lucros no mínimo 20% maiores do que as com má governança, considerados os mesmos objetivos estratégicos. Mas somente 38% da alta gerência conseguem descrever com precisão sua governança de TI – como, então, os demais gerentes poderão tomar boas decisões pela empresa a esse respeito?

Em *Governança de TI*, os autores mostram como conceber e implementar um sistema de direitos decisórios que endereçem três questões fundamentais: Quais decisões devem ser tomadas para garantir um uso e uma gestão apropriados da TI? Quem deve tomar estas decisões? Como tomá-las e monitorá-las? Com suas ilustrações vividas de sistemas de governança usados pelas empresas de melhor desempenho nos setores público e com fins lucrativos – incluindo a Du Pont, a UPS, a UNICEF, a State Street Corporation, a Motorola e a Panalpina –, este livro oferece um framework e ferramentas para customizar um sistema de governança de TI. Entre elas:

- As cinco decisões principais que determinam o uso eficiente da TI.
- Um conjunto de modelos aprovados para alocar os direitos decisórios.
- Vários mecanismos comprovados para implementar a governança de TI.
- Uma Matriz de Arranjos de Governança para alinhar a TI aos objetivos gerais de negócio.
- Pare de pensar em TI como função isolada e comece a desenvolvê-la como uma competência organizacional. Este livro de Governança em TI estimula tanto executivos como profissionais da área a usarem o poder de seus recursos de TI.

Sobre os autores
Peter Weill é diretor do Center for Information Systems Research (CISR) e pesquisador sênior da Sloan School of Management, do Massachusetts Institute of Technology.
Jeanne W. Ross é a principal pesquisadora do CISR.

Revisora técnica
Tereza Cristina M.B. Carvalho é diretora técnica do LARC/EPUSP, doutora pela Escola Politécnica da USP, professora convidada da FVG-SP EAESP e ex-aluna do MIT Sloan.

ARQUITETURA DE TI – COMO ESTRATÉGIA EMPRESARIAL

Do mesmo autor do *Best-seller* GOVERNANÇA DE TI, este livro desvenda o segredo de como executar com sucesso sua estratégia de negócios.

Você tem a impressão de que seus funcionários estão trabalhando cada vez mais e, todavia sua empresa está perdendo terreno? De que formulou uma estratégia sólida como rocha, mas que sua empresa não consegue seguir em frente? De que está monitorando o mercado, ouvindo seus clientes e respondendo às jogadas da concorrência, mas que seus resultados continuam mornos?

Se a resposta for positiva, então você precisa criar um alicerce sólido para a execução dos negócios — uma infra-estrutura de TI e processos comerciais digitalizados que automatizem as capacidades centrais de sua empresa. Em *Arquitetura de TI como Estratégia Empresarial*, os autores Jeanne W. Ross, Peter Weill e David C. Robertson mostram-lhe como. O estabelecimento da arquitetura correta ajudou algumas das mais bem-sucedidas empresas do mundo — Dell, Cemex, 7-Eleven Japan, ING Direct — não apenas a sobreviver, mas a prosperar a despeito da concorrência global cada vez mais acirrada. Essas gigantes destacam-se porque tomaram decisões difíceis sobre quais processos precisam executar bem, e porque implementaram os sistemas de TI necessários para digitalizar esses processos. O resultado? Seus sistemas de TI tornaram-se um ativo, e não uma despesa, e ensejaram uma agilidade sem precedentes.

Partindo de estudos com várias empresas em todo o mundo, os autores mostram por que construir a arquitetura empresarial correta aumenta a lucratividade, reduz o tempo de entrega de produtos e, ao mesmo tempo, aprimora a execução estratégica e diminui os custos de TI. Por meio de meticulosos estudos de caso e de explicações claras e envolventes, este livro demonstra como:

- avaliar sua atual arquitetura empresarial;
- definir seu modelo operacional — sua visão simples, mas duradoura, de como sua firma sobreviverá e crescerá;
- implementar seu modelo operacional através da sua arquitetura empresarial;
- navegar pelos estágios de maturidade da arquitetura empresarial;
- começar a colher os benefícios de sua arquitetura empresarial.

Arquitetura de TI como Estratégia Empresarial transmite uma mensagem contra-intuitiva, mas vital: quando o assunto é a execução bem-sucedida de sua estratégia, seu modelo operacional pode ser muito mais importante do que a própria estratégia.

Sobre os autores

Jeanne W. Ross é pesquisadora do Sloan Center for Information System Research do MIT (Columbus, Ohio).

Peter Weill é diretor do CISR e pesquisador sênior da MIT Sloan, no Massachusetts Institute of Technology (Cambridge, MA).

David C. Robertson é professor da IMD International (Lausanne, Suíça).

Conheça os outros títulos de Administração e Negócios

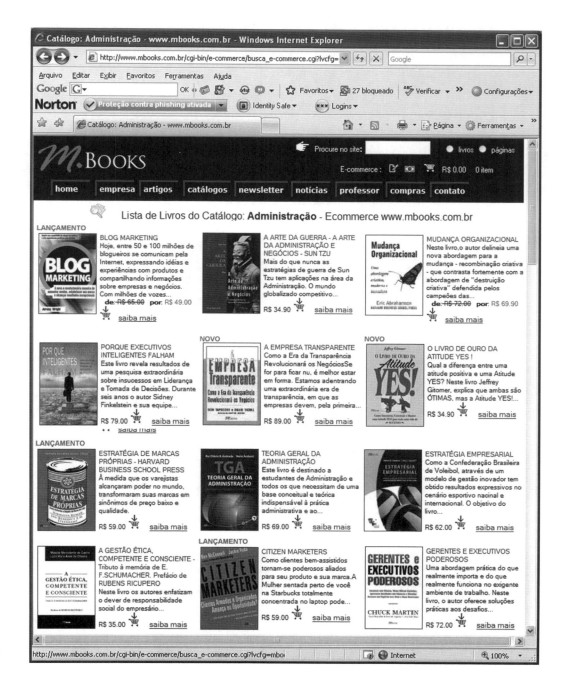

visite nosso site
www.mbooks.com.br

GRÁFICA PAYM
Tel. (011) 4392-3344
paym@terra.com.br